Religion et politique
Dissidences, résistances, engagements

Religion et politique Dissidences, résistances, engagements

Laurent Albaret, Hélène Latger,
Jean-François Wagniart (coord.)

Laurent Albaret, Jean-Louis Biget, Bernard
et Monique Cottret, Aude Gerbaud, Stéphane Sirot,
Nathalie Viet-Depaule, Sabine Rousseau,
Romain Huret, Geneviève et Philippe Joutard

Cet ouvrage est issu de la collaboration entre le Syndicat national des enseignements de second degré (Snes-FSU), le Centre d'études cathares de Carcassonne, *Les Cahiers d'Histoire*, revue d'histoire critique et le Georg-Eckkert-Institut für internationale Schulbuchforschung (Allemagne).

La collection « Comprendre et agir »

- Collectif, Retraites, *faux problèmes, vraies solidarités*, 2003
- Jean-Luc Le Guellec (coord.), *La Bretagne, une région qui réussit ?*, 2003
- Louis Weber, *OMC, AGCS, vers la privatisation de la société ?*, 2003
- Christian Laval, Régine Tassi, *L'économie est l'affaire de tous, Quelle formation des citoyens ?*, 2004
- Élisabeth Labaye (coord.), *Politiques de santé, refonder la solidarité*, 2004
- Corrado Delfini et Joseph Romand, *Politiques de l'emploi : face aux menaces libérales*, 2004
- Christian Laval, Régine Tassi, *Enseigner l'entreprise, Nouveau catéchisme et esprit scientifique*, 2005
- Louis Weber, *Une constitution contre l'Europe ?*, 2005
- Collectif, *La validdation des acquis de l'expérience*, 2005
- Hélène Latger, Jean-François Wagniart (coord.), *Des femmes sans Histoire ?*, 2005
- Collectif, *Salaires et pension, Et si on augmentait ?*, 2006
- Évelyne Rognon et Louis Weber, *La Laïcité, cent ans après*, 2006
- Yves Baunay et Francis Vergne, *Formation professionnelle, Regards sur les politiques régionales*, 2006

Éditions Nouveaux Regards, 2006
3-5, rue de Metz, 75010 Paris
e-mail : institut@institut.fsu.fr
www.institut.fsu.fr

69, rue des Rigoles, 75020 Paris
e-mail : editions@syllepse.net
www.syllepse.net

ISBN : 2-84950-122-0

Sommaire

Religions et politiques : dissidences, résistances et engagements

Comment présenter cette journée consacrée à « Religion et politique : État, dissidences et résistances religieuses » organisée dans le cadre des « Rendez-vous de l'Histoire » en octobre 2005 par le SNES, le Centre d'études cathares de Carcassonne, *Les Cahiers d'Histoire, revue d'histoire critique* et le *Georg-Eckkert-Institut für internationale Schulbuchforschung* ? Trois termes peuvent nous permettre d'établir un lien entre les nombreuses interventions de qualité qui se sont succédées.

Tout d'abord, la « dissidence » – notion que l'on préfère aujourd'hui à celle plus réductrice et chronologiquement marquée d'« hérésie » –, dissidence face à une religion « officielle », souvent soutenue par un appareil d'État. Analysée dans ce cadre comme une rupture critique avec l'ordre religieux dont elle est issue, avec la hiérarchie qui la soutient et les dogmes qui la fondent, la dissidence a sa propre représentation du monde et s'appuie sur une adhésion plus ou moins large de la société dans laquelle elle se développe.

Le terme de « résistance » est intimement lié à cette première notion. Résistance face à des dogmes et des disciplines imposés par un pouvoir qui sait utiliser tous les moyens (éducation, propagande, répression) pour faire taire toute voix dissonante.

Enfin, l'« engagement » des croyants et des religieux, pas seulement dans leur foi mais aussi dans le monde, en politique, sur la question sociale. Engagement sous l'œil de la hiérarchie qui n'est pas toujours bienveillante quand cela remet en cause les positions traditionnelles de l'Église.

Comment ces phénomènes se sont-ils développés ? Qu'ont-ils suscité comme adhésion ou réaction ? Ont-ils été à l'origine de ruptures entraînant parfois une répression des dissidents ou encore y a-t-il eu des mouvements de conciliation ? Voilà une série de questions qui ont intéressé les auteurs de ces contributions et qui ont débouché sur une interrogation propre à la démarche que nous avons entreprise depuis plusieurs années[1] : quelles traces de la recherche historique sur ces questions trouve-t-on dans les programmes et les manuels de l'enseignement secondaire ?

La recherche universitaire s'est intéressée depuis longtemps aux hérésies et aux courants religieux minoritaires qui sont au cœur de la construction de l'Occident au Moyen Âge. Les hérésies qui ont secoué beaucoup de royaumes ont, comme la présence de minorités musulmanes ou juives dans les pays européens de la Méditerranée, profondément influencé les attitudes politiques des princes, les décisions de l'Église romaine et les mentalités des populations en général. Sources de désordre, les dissidences s'exposent la plupart du temps, du moins en Occident chrétien, à une réponse plus ou moins musclée du pouvoir en place. Les sanctions, les exclusions voire les répressions sanglantes existent, à l'image de la croisade menée contre les albigeois, comme le rappelle avec justesse Jean-Louis Biget dans sa contribution (« Réflexions sur l'hérésie au Moyen Âge : l'exemple des “cathares” »). Mais l'attitude de l'Église est parfois plus compréhensive qu'il n'y paraît selon Henri Bresc, notamment vis-à-vis des minorités musulmanes ou juives dans les pays européens de la Méditerranée[2].

1. D'abord une journée consacrée à l'enseignement de l'histoire sociale (2003) puis à la place des femmes (2004) et, prévue pour octobre 2006, une nouvelle session consacrée à l'enseignement de l'histoire des pauvres. Voir les deux premières journées qui ont donné lieu à des publications *in* Hélène Latger et Jean-François Wagniart (coord.), *De la recherche à l'enseignement : penser le social, Histoire et sociétés*, hors série n°1, juin 2004 et *Des femmes sans histoire ? Enseignement en Europe*, Nouveaux Regards/Syllepse, 2005.

2. Pour des raisons techniques, la communication d'Henri Bresc (« La place des juifs et des musulmans d'Europe méridionale et la Syrie dans la pensée religieuse catholique et dans la pratique politique des monarchies latines, XIIe-XVe siècles ») n'a pu être publiée dans ce volume.

Le développement des églises protestantes au XVIe siècle, avec la persistance de courants minoritaires dans la plupart des pays européens, fait apparaître de nouveaux questionnements qui prolongent ceux de l'époque médiévale : Comment vivre ensemble ? Quelle place pour les minorités ? Y a-t-il une tolérance possible ? Le XVIIIe siècle cristallise ces questions avec la réflexion des penseurs des Lumières qui contribue à donner du sens aux débats contemporains sur la religion civile, sur les phénomènes de recul des institutions religieuses et sur l'émergence de l'athéisme et de la laïcité.

À cet égard, l'exemple de Jean-Jacques Rousseau pose un certain nombre de problèmes et son questionnement sur la religion civile, notamment dans *Du contrat social*, marque une rupture aussi bien en ce qui concerne la lutte contre l'intolérance (« le seul dogme négatif ») qu'il partage avec d'autres philosophes que dans les rapports entre politique et religion. Rousseau pose également la question fondamentale pour les Lumières de la place de l'athée. Comme l'énoncent Bernard et Monique Cottret (« Rousseau et la religion civile, aux origines de la laïcité »), Rousseau a une position originale par rapport au mouvement philosophique quand il règle définitivement le sort de l'athée. Ce dissident radical, celui qui refuse les dogmes, peut être banni. Même en nuançant les propos de Rousseau, on peut logiquement voir dans cette exclusion une condamnation du matérialisme et des dangers supposés qu'il porte.

La Révolution poursuit le débat, comme le montre la position de Robespierre qui n'admet pas l'athéisme mais qui ne va pas jusqu'à demander son exclusion. L'opposition se construit autour de trois courants : le cléricalisme, encore très fort et relevant la tête périodiquement pendant le XIXe siècle, notamment au début de la Troisième République, l'anticléricalisme, très présent dans les révolutions, et l'athéisme militant, qui reste longtemps minoritaire. Car si la sécularisation des sociétés européennes développées ou industrialisées se poursuit pendant une grande partie du XIXe siècle, le poids de l'Église reste fondamental au point de devenir un des principaux thèmes politiques du combat des républicains opportunistes dans les années 1880, intéressés à faire volontairement oublier la question sociale (Aude Gerbaud, « La question religieuse dans les discours fondateurs de la Troisième République : interaction orateurs/publics populaires »).

La fin du XIXe siècle brouille les cartes, notamment en France. D'abord parce que l'Église évolue avec l'encyclique *Rerum Novarum* (1891) et se divise sur la question sociale. Les nouveaux « hérétiques » sont ceux qui flirtent avec le mouvement ouvrier et les organisations de gauche, en particulier avec les marxistes et les communistes au XXe siècle. Aux États-Unis comme en France, on reconnaît l'idée de laïcité mais, à partir de ce point, les évolutions ne sont pas du tout les mêmes.

En France, la dissidence religieuse se développe dans l'Église catholique dont le pouvoir politique en général et l'adhésion dans les milieux ouvriers ne font que reculer au début du XXe siècle. Elle prend différentes formes. D'abord un engagement social, comme le montrent Stéphane Sirot avec l'exemple du syndicalisme chrétien (« Les chrétiens dans le champ syndical français ») ou encore Nathalie Viet-Depaule, à propos des prêtres-ouvriers (« Les prêtres au travail »). On retrouve là un phénomène qui n'est pas sans rappeler, pour les acteurs eux-mêmes, avec les hérésies médiévales et les tentatives de renouer avec un christianisme originel, comme le montre le témoignage du prêtre dominicain Bernard Gardey : « Mais nous voilà sur les traces, sinon des cathares, du moins des vaudois et de tous les courants évangéliques du Moyen-Âge avec lesquels les prêtres-ouvriers entretenaient souvent, à leur insu, de profondes affinités. Comme eux, nous voulions une Église pauvre et proche des humbles, comme eux nous voulions qu'ils aient personnellement accès aux Évangiles, comme eux nous voulions une liturgie en langue vulgaire [...] En somme, nous avons été les représentants d'un mouvement qui nous dépasse très large-

3. Cité dans Charles Suaud, Nathalie Viet-Depaule, *Prêtres et ouvriers, Une double fidélité mise à l'épreuve, 1944-1969*, Paris, Karthala, 2004, p. 427.

ment, mais nous lui avons greffé les idées de notre temps[3]. »

La lutte pour la paix évoquée dans la contribution de Sabine Rousseau (« Des chrétiens français dans la décolonisation ») est une autre forme de l'engagement au XXe siècle. Par ce biais, des groupes chrétiens renouent sur ce sujet avec les préceptes non violents du Christ et des Évangiles. On retrouve encore ce besoin de revenir aux véritables sources de l'engagement religieux

Dans ces cas présentés, on peut parler d'une véritable émancipation qui prend toute son ampleur avec l'engagement progressiste de nombreux catholiques – mais aussi de protestants – dans la société française des années 1960-1970. Les échos dans le monde sont connus : c'est l'apparition de forts mouvements contestant radicalement les positions conservatrices de l'Église, à l'image de la théologie de la libération, mais aussi de tendances à la conciliation et aux rencontres religieuses, comme les mouvements œcuméniques. Sans doute, dans certains milieux religieux, l'ouverture à l'autre, qu'il soit pratiquant d'une autre religion ou même athée, n'a jamais été aussi grande.

À la fin du XXe siècle, la faillite du communisme soviétique entraîne avec lui le recul des organisations et des tendances progressistes, y compris dans les Églises chrétiennes. Ce mouvement de fond prend toute son ampleur aux États-Unis où les dissidents protestants voient leurs troupes s'étoffer avec l'arrivée au pouvoir des conservateurs qu'ils inspirent de plus en plus. Romain Huret (« L'Amérique contemporaine, une théocratie ? ») ainsi que Geneviève et Philippe Joutard (« Les fondamentalistes américains et le pouvoir politique aujourd'hui : continuité ou rupture avec les traditions réformées ? ») rappellent la genèse de ces mouvements et la montée en puissance de ces groupes traditionalistes profondément ancrés dans l'histoire américaine. Ce sont des mouvements, comme les albigeois du Midi de la France, profondément endogènes. Ces dissidents s'appuient sur des bases sociales fortes avec un discours moral et politique qui envahit peu à peu la société américaine au point que certains observateurs avisés évoquent l'idée d'une théocratie. Toujours minoritaires, alliés aux conservateurs, que l'on ne retrouve pas seulement dans les rangs du parti républicain, ils bénéficient du recul des libéraux, responsables à leurs yeux de tous les fléaux de l'Amérique, imposant de nouvelles normes, porteuses de rejet, d'exclusion et d'intolérance religieuse, notamment quand il s'agit de l'Islam, diabolisé après les attentats de septembre 2001.

Pour suivre notre démonstration, il reste à voir comment ces problématiques sont intégrées dans les programmes. Une nouvelle fois, le constat est affligeant, comme le montrent Laurent Albaret (« La dissidence religieuse et le prince au Moyen Âge. Une histoire inconnue dans les programmes de l'enseignement secondaire ? ») pour la période médiévale ou Stéphane Sirot pour l'époque contemporaine. À l'exception des protestants, on ne trouve rien ou si peu sur les dissidences et encore moins sur l'histoire sociale ou la sociologie des dissidents. Aucune réflexion sur les formes, les caractères de ces mouvements et leurs revendications, même lorsque ces groupes dissidents se sont développés sur des bases nationales ou sociales plus importantes. Cet oubli d'une histoire sociale des dissidences engendre des caricatures, comme celles qui associent les syndicalistes chrétiens à des syndicalistes jaunes. Dans les manuels, les minorités religieuses, ceux qui rompent avec la discipline religieuse, les athées et les partisans de la laïcité sont les premiers à pâtir. Ils semblent à peine avoir existé. C'est le triomphe d'une histoire aplanie, une « histoire sans fractures » qui manque des nuances et des diversités d'approches du monde religieux.

D'un point de vue historique, on ne trouve pas plus d'analyse sur le retour en force du religieux en politique (si on exclut des références globales et factuelles sur l'intégrisme religieux). L'histoire, telle qu'elle est enseignée dans le secondaire, n'est-elle pas toujours là pour justifier le pouvoir établi, qu'il soit religieux, politique ou encore issu d'une intime liaison de l'un et de l'autre, comme cela a été très souvent le cas dans l'histoire ?

L'enjeu pédagogique autour de cette question n'est pas seulement historique, il est aussi civique. Comment enseigner les idées de tolérance, de respect de l'autre, de progrès et de lutte contre l'oppression ? Au-delà de l'enseignement du fait religieux, c'est par un travail sur la diversité des débats religieux et philosophiques, à l'écoute des voix dissidentes, que l'on peut espérer, non seulement renouer avec les acquis de la recherche universitaire, mais également permettre aux élèves de développer le sens critique nécessaire à l'étude de la question religieuse dans l'histoire.

– I –
Le temps des affrontements : hérésies, guerres de religion et faits minoritaires en Europe au Moyen Âge et à l'époque moderne

La dissidence religieuse et le prince au Moyen Âge. Une histoire inconnue dans les programmes de l'enseignement secondaire ?

Par Laurent Albaret, UMR-CNRS 5648 Lyon 2

Dans le cadre des habituelles rencontres professionnelles de Blois, les « Rendez-vous de l'Histoire » 2005 organisés autour du thème « Religion et politique » ne pouvaient se dérouler sans aborder les rapports complexes et souvent conflictuels entre dissidences religieuses[1] et pouvoirs des princes, rapports étudiés par la recherche scientifique et adaptés par – ou pour ? – l'enseignement secondaire. Ces moments, pour les temps médiévaux et modernes, que nous avons intitulés dans notre journée de manière réductrice – peut-être un peu par provocation – « le temps des affrontements », sont des instants particuliers de l'Histoire. Des minorités religieuses, constituées ou non – communautés musulmanes, juives ou dissidents chrétiens –, furent alors poursuivies en Occident et en Orient pour leurs choix religieux alternatifs, une volonté de changer l'Église, pour leurs oppositions politiques affichées ou tues, leurs approches du phénomène religieux en contradiction avec la parole officielle, normative et dogmatique.

Les historiens médiévistes européens, chercheurs ou enseignants dans les universités, se sont intéressés aux rapports entre les dissidences et les pouvoirs politiques dès les années 1960. En 1968, les colloques de Royaumont, organisés sous la direction de Jacques Le Goff sous le titre

1. Le terme « dissident » rend mieux compte de la réalité des choses – terme à l'origine anglo-saxon, *dissenters* – et évite, selon André Vauchez, de « figer un peu les choses du point de vue dogmatique ou de les réduire à un affrontement bloc à bloc ».

« Hérésies et sociétés dans l'Europe pré-industrielle (XIe-XVIIIe siècles)[2] », furent les précurseurs de cet intérêt.

Dans le cadre de la recherche universitaire en France, des équipes de jeunes chercheurs, encadrés par leurs maîtres, ont suivi cette voie peu explorée et ouverte par Jacques Le Goff et ses confrères. Quelques initiatives ont vu le jour. En 1989, le Centre d'études cathares (CEC) de Carcassonne a organisé une université d'été, sous la direction d'André Vauchez, sur le thème original des « mouvements dissidents et novateurs[3] ». À la suite de séminaires de 1993 à 1995 à l'université de Nice, des rencontres de chercheurs, à l'initiative de Monique Zerner, se sont intéressées en 1996 et 1998 à la réalité de l'hérésie, à sa construction historique et à son instrumentalisation par l'Église et par le politique[4]. En 2001, le Centre d'études cathares, allié au Centre de valorisation du patrimoine médiéval (CVPM), a installé un atelier séminaire interdisciplinaire sur les notions d'hérésies et de dissidences, atelier intitulé au final « Hérétiques ou dissidents ? Réflexions sur l'identité de l'hérésie au Moyen Âge[5] ». Une réflexion productive existe aujourd'hui dans ce domaine particulier du monde de la recherche sur la dissidence religieuse, tout en développant d'inévitables tensions entre différentes écoles et courants.

---

2. J. Le Goff (dir.), *Hérésies et sociétés dans l'Europe pré-industrielle (XIe-XVIIIe siècles), colloque de Royaumont*, Paris-La Haye, 1968.

3. A. Vauchez (dir.), *Mouvements dissidents et novateurs (septembre 1989). Actes de la 2e session d'histoire médiévale du Cnec*, Carcassonne, 1990. Ancien directeur de l'École française de Rome, André Vauchez est professeur émérite de l'université Paris X-Nanterre et membre de l'Institut.

4. M. Zerner (dir.), *Inventer l'hérésie ? Discours polémiques et pouvoir avant l'Inquisition*, Nice, 1998 ; *id.* (dir.), *L'Histoire du catharisme en discussion. Le « concile » de Saint-Félix (1167)*, Nice, 2001. Monique Zerner est professeur émérite de l'université de Nice.

5. Les interventions de ce colloque ont fait l'objet de la publication d'un numéro spécial de la revue *Heresis* : *Hérétiques ou dissidents ? Réflexions sur l'identité de l'hérésie au Moyen Âge*, 36-37, 2002.

Ces rencontres de Blois s'adressant principalement à des enseignants du secondaire, nous nous sommes donc posé deux questions en ouverture de notre réflexion : pourquoi approcher ces temps d'affrontements en faisant une nouvelle fois intervenir des spécialistes dans le cadre de ces rencontres professionnelles ? Quel apport direct – dans ce domaine très particulier – peuvent avoir la recherche universitaire et la production scientifique en général pour la pratique pédagogique quotidienne d'un enseignant dans un collège ou un lycée ?

Tout comme sur de nombreux sujets et moments historiques, le contenu des programmes sur la dissidence religieuse et son rapport au politique, plus particulièrement pour le niveau de cinquième, ne cesse de nous surprendre. En approchant le fait religieux dans les manuels – édités depuis les années 1970 jusqu'à nos jours –, notamment sur les programmes de cinquième pour la période médiévale et, plus brièvement, sur les programmes de seconde, notre démarche était de trouver les identifiants – ou pour le moins en découvrir la trace – de la notion de dissidence religieuse dans le contenu des leçons, dans les documents présentés et dans les exercices proposés à l'enseignant pour ses élèves. Jusque dans les éditions les plus récentes – celles de la rentrée 2005 pour le collège –, force est de constater que les produits de la quête furent des plus maigres. Outre l'omniprésence éditoriale d'une très « une et universelle » Église romaine rayonnant sur l'ensemble de l'Occident dès le XIIe siècle, quelques « cathares », hérétiques diabolisés à l'envi, se croisent dans des éditions de manuels des années 1980-1986 ; une timide dissidence pointe parfois chez les franciscains dans des dossiers de documents sur François d'Assise. En terres d'Islam, le constat est identique : pas un musulman ou une communauté pour s'opposer à ou dévier de la construction de l'Islam médiéval qui se fait dans la stricte unité de la foi et autour des incontournables et très classiques cinq piliers. *In fine*, c'est l'uniformité religieuse au sein du dogme chrétien et pour tout l'Occident qui est au programme. Cette logique discursive donne totalement l'image d'« une Chrétienté monolithique conquérante » où la seule hérésie consacrée et constatée serait celle de « l'infidèle » musulman, tout aussi prisonnier d'un Islam homogène et unique et que les croisades successives lancées par Rome doivent inexorablement briser...

Or, depuis Royaumont – soit depuis un demi-siècle –, la recherche universitaire dans le domaine de la dissidence et de la résistance religieuse a ouvert des chantiers novateurs, engagé des réflexions inédites, proposé des approches originales, fait parfois œuvre de vulgarisation et de pédagogie. Ce décalage entre la recherche scientifique et l'enseignement, déjà souligné ces deux dernières années à Blois autour de l'histoire sociale et de l'histoire des femmes[6], semblait donc une nouvelle fois se retrouver avec le thème de cette année, « religion et politique ».

Fort de ce constat, il nous a semblé nécessaire d'inviter des historiens spécialistes pour parler de ces moments de conflit, pour nous donner un éclairage concis sur la recherche dans ce domaine en ce début de XXIe siècle, pour tenter de mener « une nécessaire hygiène de l'histoire » afin de briser l'histoire lisse, sans fractures, que proposent dans leur grande majorité les manuels et les programmes actuels des collèges et des lycées. Comme le fait très justement remarquer Jean-Louis Biget lors de son intervention, « il faut sortir des schémas du prêt-à-penser, et des mémoires constituées, plus encore des mémoires commercialisées et façonnées pour plaire aux chalands. Il faut aussi éviter de penser le Moyen Âge à l'aune exclusive du XXIe siècle, où les problèmes religieux se posent de manière sensiblement différente ».

Deux communications – dont une est publiée dans ces pages – ont donc éclairé ces dissidences médiévales mécon-

6. *De la recherche à l'enseignement : penser le social*, *Histoire & Sociétés*, n° 1, hors série, Blois, 2003 ; H. Latger, J.-F. Wagniart (éd.), *Des femmes sans histoire ? Enseignement en Europe*, Paris, 2005. *Cf.* notamment L. Albaret, « La place de l'histoire sociale dans l'enseignement de l'histoire médiévale. Réflexions sur le décalage entre la recherche française et l'Éducation nationale », *Histoire & Sociétés*, n° 1, hors série, Blois, 2003 (juin 2004), p. 43-51.

nues ou mal connues. Jean-Louis Biget, professeur émérite à l'École normale supérieure de Saint Cloud, médiéviste spécialiste de la société méridionale languedocienne et de l'hérésie albigeoise[7], a accepté d'intervenir sur la question toujours polémique du « catharisme », mouvement religieux dissident qui a profondément marqué l'histoire du Midi de la France durant les XIIIe et XIVe siècles dans une région que l'on appelle aujourd'hui encore improprement « le pays cathare »[8]. Henri Bresc, professeur des universités à Paris X-Nanterre, spécialiste du monde méditerranéen médiéval et notamment de la Sicile aux XIVe et XVe siècles[9], a abordé la place des juifs et des musulmans dans la pensée religieuse et la pratique politique des Latins aux XIIe et XIIIe siècles. Deux éclairages particuliers, deux approches érudites sur des moments historiques d'une grande discrétion dans les programmes d'enseignement. Les enseignants présents en ont apprécié la qualité. Gageons que cette ouverture, bien modeste, et ce nouveau pont jeté entre enseignement et recherche permettront, dans un avenir proche, une meilleure compréhension de la part de tous de la complexité des rapports entretenus entre le religieux et le pouvoir politique, de la place des dissidences et de la réalité de leur répression par les pouvoirs spirituel et temporel.

7. *Cf.* J.-L. Biget, « Images du "catharisme", examen critique », *Bulletin des sciences, arts et belles lettres du Tarn*, 55, 2001, p. 197-231 ; *id.*, « Réflexions sur l'hérésie dans le Midi de la France au Moyen Âge », *Heresis*, 36-37, 2002, p. 29-74 ; *id.*, « Hérésies, croisades et Inquisition en Languedoc (XIIe-XIIIe siècles), *in* M. Bertrand, P. Cabanel (éd.), *Religions, pouvoir et violence*, Toulouse, 2004, p. 33-56.

8. M.-C. Garcia, W. Genieys, *L'Invention du pays cathare. Essai sur la constitution d'un territoire imaginé*, Paris, 2005. Marie-Carmen Garcia est sociologue, maître de conférence à l'université Lyon II-Lumière. William Genieys est politologue, chargé de recherche au CEPEL (CNRS) de l'université de Montpellier I.

9. On retiendra notamment d'H. Bresc : « Sicile, Malte et monde musulman », *Malta, a case study in international Cross-Currents*, Malte, 1991, p. 47-79 ; *Palerme 1070-1492. Mosaïque de peuples, nation rebelle : la naissance violente de l'identité sicilienne*, Paris, 1993 (dir.) ; « Arab Christians in the Western Mediterranean (XIth-XIIIth centuries) », *Library of Mediterranean History*, 1, 1994, p. 3-45.

Réflexions sur l'hérésie au Moyen Âge : l'exemple des « cathares »

Par Jean-Louis Biget, professeur émérite ENS Saint-Cloud

L'histoire de la dissidence religieuse du Languedoc au Moyen Âge a été et reste l'objet de controverses. Pour la connaître effectivement, il faut sortir des schémas du prêt-à-penser, et des mémoires constituées, plus encore des mémoires commercialisées et façonnées pour plaire aux chalands. Il faut aussi éviter de penser le Moyen Âge à l'aune exclusive du XXIe siècle, où les problèmes religieux se posent de manière sensiblement différente. Il convient d'éviter à la fois les pièges d'une apologétique excessive et ceux d'un anticléricalisme peu réfléchi, ainsi que toute dialectique simpliste. Pour tenter d'atteindre les réalités médiévales, il est nécessaire de revisiter les sources de l'histoire de l'hérésie, avec les méthodes des historiens d'aujourd'hui, en mettant en œuvre les principes simples enseignés à tous les étudiants dès les premières années de licence.

La nature de l'hérésie

Une première question concerne la nature de l'hérésie : elle recoupe évidemment celle de ses origines[1]. Les clercs du Moyen Âge, et après eux beaucoup d'historiens, ont soutenu que les opposants à l'Église incarnaient un mouvement étranger, issu de l'Orient profond et pervers. L'hérésie aurait ainsi des causes externes.

Or les traités écrits contre les contestataires, jusque vers 1160-1165, font apparaître que la contestation revêt alors la

1. On peut consulter sur le sujet J.-L. Biget, « Réflexions sur l'hérésie dans le Midi de la France au Moyen Âge », *Heresis*, 36-37, 2002, p. 29-74 ; M. Zerner, « Hérésie », *in* J. Le Goff, J.-C. Schmitt (dir.), *Dictionnaire raisonné de l'Occident médiéval*, Paris, 1999, p. 464-481.

forme d'un anticléricalisme absolu et s'oppose totalement à l'Église comme institution. À son principe, l'hérésie nie la validité de tous les sacrements et le pouvoir sacramentel des prêtres ; elle refuse la pompe du culte dans les églises ; elle rejette la hiérarchie ecclésiastique ; elle soutient l'inutilité des suffrages pour les morts ; elle juge vain le culte des saints. Au nom du littéralisme évangélique, elle récuse la mission divine de l'Église, son œuvre de salut et la légitimité de ses pasteurs. La médiation obligée des prêtres entre les fidèles et Dieu fait le cœur de cette contestation. Celle-ci prend l'allure d'un manifeste contre la cléricalisation accentuée de l'Église grégorienne. Au contraire de cette dernière, elle pose la possibilité donnée à tous les hommes de bonne vie de prêcher et de confesser.

Ces constats indiquent clairement que l'hérésie ne vient pas d'ailleurs assaillir la Chrétienté romaine, mais qu'elle découle d'un anticléricalisme militant intérieur à celle-ci. Ce qui porte des corollaires importants : la dissidence n'existe pas comme phénomène indépendant de l'orthodoxie et elle naît en Occident ; elle est endogène. L'hostilité au cléricalisme grégorien, se nourrit des principes grégoriens eux-mêmes et, d'abord, d'un fondamentalisme évangélique analogue à celui des réformateurs ecclésiastiques.

La prédominance des causes internes dans les causes du mouvement et son caractère indubitablement chrétien postulent qu'on lui donne le nom de dissidence, qui traduit une déviation, plutôt que celui d'hérésie, conféré par les clercs médiévaux, lequel exprime une rupture. Le terme de dissidence signifie également que le mouvement n'est pas étranger à la société où il apparaît et se développe et qu'il participe de ses dynamiques, de ses pesanteurs et de ses aspirations spirituelles. En outre, il présente l'avantage de ne pas comporter de connotation systématiquement péjorative.

L'Église au XIIe siècle et sa contestation

Il convient de situer l'Église dans la société du XIIe siècle, afin de comprendre pourquoi elle est contestée. L'Église n'échappe pas aux déterminations de l'époque. Elle n'est ni hors du temps, ni hors de la société. Institution incarnée dans des hommes, il convient de se demander quels ils sont et quelle fonction elle joue dans la société de la période, en plus de son rôle spirituel, évidemment premier et fondamental.

L'Église est d'abord l'instance régulatrice de la société féodale tout entière. En effet, le temps de la féodalité marque la dispersion du pouvoir en une multitude de cellules plus ou moins autonomes. Dans ce contexte, l'Église constitue la seule instance de régulation possible et efficace, en raison même de son caractère religieux. On pourrait le montrer pour bien des domaines, mais on peut se borner à mentionner la paix de Dieu, qui permet à l'activité économique de porter tous ses fruits pour le prélèvement féodal, duquel participe l'Église, dont les chefs et les établissements jouissent, outre la dîme, de droits seigneuriaux importants.

L'Église, de surcroît, est une structure englobante qui règle les rapports et les conduites. Dans un monde où tout est religieux, elle tient, par nature, le rôle d'instrument de contrôle social. Elle s'efforce d'éradiquer chez les paysans les restes de paganisme qui pourraient nourrir une contestation (ainsi, la sculpture romane ne montre-t-elle que des démons sataniques, excluant les démons « positifs ») ; et l'attachement à la paroisse, fortement affirmé, double l'attachement à la glèbe.

Partie prenante de l'ordre féodal, l'Église dans sa hiérarchie et ses communautés, monastiques ou canoniales, est par ailleurs peuplée des fils de la chevalerie et des châtelains. Elle est aristocratique. Pas un saint, avant 1180, qui soit un roturier. Pas un évêque ni un moine de chœur non plus, ou très exceptionnellement. Des chanoines à la rigueur, mais en France du Nord.

L'Église du XIIe siècle est enfin naturellement conservatrice, dans un sens aristocratique. Or, vers 1130-1140, le système féodal a produit son plus bel enfant : la ville. Dans le monde urbain s'accumule, par l'effet du commerce, l'essentiel du prélèvement féodal. La richesse aristocratique s'échappe vers les villes. Cela suffirait à créer des antagonismes puissants, mais l'univers urbain s'avère en outre totalement décalé par rapport à celui des aristocrates. La fortune s'y mesure en monnaie, le monde des lisant-écrivant s'y développe, de nouvelles formes de pensée s'y manifestent, ainsi que de nouvelles approches du réel et aussi, selon la formule de Jacques Le Goff, des solidarités plus horizontales que verticales. Enfin, s'y développent également certaines formes d'individualisme et de personnalisme ainsi que la recherche d'un accès direct à la parole de Dieu.

L'Église, comme la majorité des aristocrates, est hostile au monde urbain et son engagement dans le système féodal, ainsi que l'origine sociale de ses chefs, empêchent toute prise en compte des changements spirituels et sociaux qui se produisent dans les villes. Aussi bien condamne-t-elle avec la plus extrême vigueur le profit marchand et le prêt à intérêt. Après 1180, l'hostilité aux usuriers se manifeste, de manière récurrente, dans les décisions des conciles. Elle place les agents économiques urbains dans une contradiction difficile à vivre entre leur pratique professionnelle et leur salut. Elle les frappe également d'une tache qui gêne leur reconnaissance sociale. Cette macule justifie que leurs fils soient écartés des offices ecclésiastiques supérieurs, c'est-à-dire de la gestion du sacré, et privés du capital symbolique et social qui s'y attache.

La dissidence et son organisation

Dans ce contexte, la dissidence apparaît comme une offensive des élites urbaines pour conquérir leur autonomie religieuse, comme elles s'efforcent de conquérir leur autonomie économique – le libre jeu de leurs activités de production et de marchandise – et leur autonomie politique par des révoltes anti-seigneuriales. Cela d'autant que, dans le Midi, bien des seigneurs urbains sont des seigneurs ecclésiastiques. Les élites nouvelles conduisent un combat rigoriste, au nom de la parole évangélique, interprétée à la lettre et reçue comme norme de vie. Au demeurant, le fondamentalisme évangélique qui sous-tend la contestation spirituelle ruine tous les fondements de la société féodale. Il défend de juger, alors que le pouvoir de justice, le ban, constitue le cœur de la puissance seigneuriale ; il interdit de tuer, quand la protection militaire offerte par la chevalerie justifie celle-ci ; il proscrit aussi le serment, nœud de toutes les relations sociales dans le monde féodal.

Des héros de l'ascèse ont fondé aux XIe et XIIe siècles des communautés religieuses, vite intégrées dans l'institution ecclésiastique, mais les mouvements évangéliques développés dans les villes après 1130 sont rejetés par celle-ci. Les premières avaient des aristocrates pour fondateurs et pour membres. Le cas de Cîteaux est patent à cet égard et Georges Duby a signalé depuis longtemps entre l'ordre cistercien et l'aristocratie des « connivences essentielles » et des « collusions intimes »[2]. La prétention de certains laïcs des villes à porter et commenter la parole de Dieu, au même titre que les clercs, apparaît à saint Bernard comme une subversion sociale aussi bien que spirituelle. Ces pseudo-apôtres sont pour lui les fils du diable. Et il est vrai que la fin du monopole des clercs dans la gestion du sacré minerait le pouvoir de l'aristocratie dans l'Église et au-delà.

Une étude sociologique attentive des adhérents de la dissidence montre que, de ses origines à Toulouse vers 1170 à sa fin (à Carcassonne, Castres, Albi, Cordes) vers 1300, les élites urbaines du savoir et de la richesse en constituent les gros bataillons[3]. Au reste, ses caractères majeurs, le refus de toute fête et de tout lieu liturgique, ainsi que du culte des saints et des morts, en font une religion dépouillée, de nature désincarnée, abstraite, « froide » pourrait-on dire, donc une religion typiquement élitiste, car la piété populaire s'attache à des lieux, à des images, à des personnes, à la pompe et au mystère du rituel.

2. G. Duby, *Saint Bernard. L'art cistercien*, Paris, 1976.

3. *Cf.* J.-L. Biget, « Un procès d'Inquisition à Albi en 1300 », in *Le Credo, la Morale et l'Inquisition*, *Cahiers de Fanjeaux*, 6, Toulouse, 1971, p. 271-341 ; *id.*, « L'extinction du catharisme urbain : les points chauds de la répression », in *Effacement du catharisme (XIIIe-XIVe s.) ?*, *Cahiers de Fanjeaux,* 20, Toulouse, 1985, p. 305-340.

Minoritaire dans la population du Languedoc de 1200 à 1329, la dissidence n'est pas populaire ; et encore moins un phénomène « national occitan ». Elle ne touche jamais plus de 5 % de la population urbaine. À son zénith, elle peut concerner, au maximum, entre 10 et 15 % des habitants de quelques bourgs du Lauragais.

Cependant, l'histoire étant pleine de ruses et de surprises, il convient d'éviter tout mécanisme simplificateur. Le cas de la dissidence méridionale le prouve. Elle recrute également dans la petite aristocratie. Dans le Midi, où il n'existe pas de droit d'aînesse, celle-ci s'avère pléthorique et famélique. Pour peu qu'elle soit exclue des bénéfices ecclésiastiques ou que les clercs lui disputent des dîmes, qui appartiennent aux lignages nobles depuis la fondation des églises, elle incline naturellement vers l'anticléricalisme, puis vers un clergé détaché des biens de ce monde et annonçant une Église véritablement spirituelle.

Le christianisme de la dissidence affecte, à partir de 1160 environ, une nuance dualiste. Pour mettre en cause l'unicité du monde et du pouvoir, il s'avère en effet nécessaire de passer par l'affirmation de deux principes, l'un du Bien, l'autre du Mal. Cela permet de rejeter du côté de Satan le monde visible dans sa totalité. Cette « scission de l'universel », ainsi que l'a qualifiée Jean Jolivet, le spécialiste d'Abélard[4], peut être considérée comme l'affleurement d'une rupture religieuse qui est aussi une fracture sociale et politique.

En bref, la dualité des élites engendrée par l'essor urbain s'exprime ainsi. Le dualisme vécu par la bourgeoisie citadine ou par les segments déclassés de la chevalerie des bourgs s'accompagne du développement d'un dualisme ontologique.

La dissidence, c'est la mise en cause de la société féodale dans ses structures sociales et religieuses. On conçoit bien qu'elle suscite une répression violente, qui prend dans le

4. J. Jolivet, « Logique cathare : la scission de l'universel », dans E. P. Bos (éd.), *Medieval Semantics and Metaphysics. Studies dedicated to L. M. de Rijk... on the occasion of his 60th birthday*, Nimègue, 1985.

temps deux formes successives : la croisade, puis l'Inquisition. Le Languedoc est la seule région à connaître la croisade. Il faut naturellement se demander pourquoi.

Les raisons de la croisade languedocienne

De nombreux foyers de dissidence se font jour au XIIe siècle, les mêmes causes produisant des effets identiques. Ces dissidences, parallèles et de même nature, n'ont à cette époque aucun lien organique.

Cependant, les clercs, culturellement, ne peuvent penser les dissidences que sous la forme d'une contre-Église, pourvue de structures institutionnelles fortes et d'une doctrine entièrement élaborée. Vers 1200, ils rassemblent donc les mouvements contestataires sous une dénomination générique : *heretica pravitas*, la déviation – plutôt que la dépravation – hérétique. Nommer porte sens. Les clercs ont réifié un fantasme, conférant à « l'hérésie » une existence totalement étrangère à sa logique et à sa nature propre, lesquelles postulent une grande souplesse institutionnelle et l'absence de cérémonies grandioses.

L'emploi des termes « cathares » et « catharisme » paraît de même illégitime, quand on les étend, sans discernement, à l'ensemble des contestations apparues dans la Chrétienté occidentale entre 1000 et 1300[5]. Sans tenir compte de la réalité des faits, ni de la différence des temps et des lieux, on construit une religion et une contre-Église universelles. L'abus de langage recouvre un abus intellectuel, qui épouse, sans prendre aucune distance, le point de vue des clercs médiévaux[6].

Entre 1209 et 1229, pour la première fois, une croisade, guerre sainte et sanctifiante, se déroule en pays chrétien, pour

5. À ce sujet, *cf.* J. Théry, « L'hérésie des bonshommes. Comment nommer la dissidence religieuse non vaudoise ni béguine en Languedoc (XIIe-début du XIVe siècle) », *Heresis*, 36-37, 2002, p. 75-117.
6. *Cf.* la synthèse utile et pertinente par M. Zerner (dir.), *Inventer l'hérésie ? Discours polémiques et pouvoir avant l'Inquisition*, Nice, 1998.

éliminer les ennemis de l'intérieur, définis « hérétiques » par l'Église. Pourquoi se déroule-t-elle en Languedoc, et non en Lombardie ou en Rhénanie ?

La raison majeure de cet événement – outre l'existence incontestable d'une dissidence – tient à la faiblesse du Midi, politiquement morcelé et tiraillé entre diverses influences. Le comté de Toulouse en est la puissance principale, mais il est une principauté non aboutie institutionnellement, une sorte de « ventre mou », car il se répartit en deux blocs territoriaux : à l'est, le marquisat de Provence, à l'ouest le Toulousain. Ces deux entités sont séparées l'une de l'autre par les terres de Trencavel, vicomte d'Albi, Carcassonne et Béziers, et par diverses possessions des comtes de Barcelone, rois d'Aragon : le Gévaudan, la vicomté de Millau, Montpellier après 1204. Le comté toulousain n'a pas d'accès direct à la Méditerranée depuis Toulouse. La vicomté de Narbonne le lui ferme. Les comtes de Barcelone souhaitent construire un arc catalan de Tarragone à la Provence. Ils sont les ennemis héréditaires des comtes de Toulouse auxquels, à travers tout le XIIe siècle, les oppose, selon une expression de Charles Higounet, « la grande guerre méridionale ». À l'ouest du comté s'étendent les possessions du duc d'Aquitaine, le Plantagenêt aux dents longues, Henri II, l'époux d'Aliénor, auquel succèdent ses fils Richard et Jean[7].

Catalans et Plantagenêts se donnent pour motif d'intervention dans le comté de Toulouse un devoir d'ingérence : il faut protéger la région de l'hérésie y foisonnant, cela pour le salut de tous. Les chroniqueurs anglais, tels Roger de Hoveden, Benoît de Peterboroug ou Gervais de Canterbury, et aussi les Limousins tels Geoffroy de Vigeois, au service

7. On peut se reporter à la carte *in* J.-L. Biget, « Hérésie, politique et société en Languedoc vers 1120 – vers 1320 », *in* J. Berlioz (dir.), *Le Pays cathare*, Paris, 2000, p. 28. Sur la croisade contre les albigeois et ses conséquences, J.-L. Biget, « Hérésies, croisades et Inquisition en Languedoc (XIIe-XIIIe siècle), *in* M. Bertrand, P. Cabanel (éd.), *Religions, pouvoir et violence*, Toulouse, 2004, p. 33-56 ; *La Croisade albigeoise*, actes du colloque de Carcassonne, Centre d'études cathares, 2004.

d'Henri II, rapportent année par année, et parfois mois par mois, les faits qui montrent l'étendue de la « pestilence », au point qu'on peut – avec prudence – écrire aujourd'hui l'histoire de l'hérésie méridionale en partie grâce à leurs reportages. Toutefois, s'ils évoquent beaucoup de faits, ils ne font en revanche pas mention du concile œcuménique « cathare », qui se serait tenu à Saint-Félix-Lauragais en 1167. Ce dernier, signalé pour la première fois au XVIIe siècle, semble avoir été imaginé par un plumitif du temps de Louis XIV[8].

L'image d'un monde toulousain totalement gagné à l'hérésie s'élabore entre 1175 et 1205. Les comtes de Toulouse y collaborent d'ailleurs, en mettant en accusation le voisin qui les gêne le plus, Trencavel, et ses sujets, afin de détourner contre eux la foudre de la répression. Ce qui constitue l'Albigeois en terre naturelle de l'hérésie.

À cause de sa division politique, le Midi toulousain devient en outre un champ privilégié de l'action du souverain pontife et de ses agents. Les légats, pour la plupart cisterciens, envoyés dans la région, procèdent à un processus de diabolisation des dissidents. Ils les accusent de pratiques contre nature, occultes et indicibles (trois catégories permettant de les condamner) ; ils affirment en outre, de manière répétée, que tous les habitants du Toulousain et de l'Albigeois sont contaminés. La région est qualifiée « superperdue » *(perditissima)*.

Après 1198, l'action du souverain pontife et des légats pontificaux se durcit. Il faut ici revenir sur la situation de la papauté. Le rôle essentiel de l'Église dans la société féodale a favorisé l'unification et la centralisation ecclésiastiques, ainsi que l'affirmation de la monarchie pontificale. Forts de leur qualité de vicaires du Christ, les papes prétendent au

8. L'existence de ce concile « cathare » provoque ces dernières années de grands débats chez les historiens. *Cf.* M. Zerner (dir.), *L'Histoire du catharisme en discussion. Le « concile » de Saint-Félix (1167)*, Nice, 2001. Il est pratiquement sûr qu'il s'agit d'une « invention », *cf.* J.-L. Biget, « Les bons hommes sont-ils les fils des Bogomiles? Examen critique d'une idée reçue », *Slavica occitania*, 16, université de Toulouse-Le Mirail, 2003, p. 133-188.

pouvoir universel. Ce processus, déjà en cours sous Alexandre III dans les années 1170, atteint son sommet sous Innocent III, après l'accession de ce dernier au trône de saint Pierre. Il existe toutefois un décalage important entre les prétentions pontificales et la réalité. Depuis la seconde moitié du XIIe siècle se sont affirmés des états territoriaux importants. Et le pape est en conflit aussi bien avec Jean sans Terre qu'avec Philippe Auguste, mais il est hors de question qu'il lance contre eux des opérations militaires d'envergure.

Dans le comté de Toulouse, au contraire, il développe une stratégie de harcèlement. La lutte contre l'hérésie est là le ressort majeur de sa politique. Ce pourquoi elle donne lieu dans le discours à une enflure hyperbolique. Innocent III et ses légats (des cisterciens méridionaux, souvent) veulent imposer au comte Raymond de Toulouse de jurer la paix de l'Église, d'accepter une subordination de fait au pape et le blocage du processus de transformation de sa principauté en État. Innocent III noue une coalition pratiquement ouverte avec le roi d'Aragon, Pierre II, maître de Montpellier, qu'il couronne à Saint-Pierre.

La situation se tend quand échoue la IVe croisade. La croisade en Orient a été – à travers tout le XIIe siècle – l'un des ressorts du pouvoir pontifical en Occident. Ce ressort perd de sa force. La lutte contre l'hérésie tend alors à se substituer à lui ; d'autant que l'échec de la croisade orientale – des prédicateurs populaires l'affirment – tient à l'impureté de l'Occident, dont l'hérésie est le constituant majeur et doit être réduite.

Dans ce contexte, l'assassinat du légat pontifical, un cistercien, Pierre de Castelnau, sur les bords du Rhône, un matin de janvier 1208, déclenche l'enchaînement des événements.

La répression, son impact et ses limites

Pour ce qui concerne l'hérésie, la croisade s'avère totalement contre-productive. En effet, s'il n'existe face à ce cataclysme aucune solidarité d'ensemble des Méridionaux, dont bon nombre marchent avec les croisés, en revanche, les habitants des villes et des bourgs attaqués par les croisés, hérétiques ou non, se défendent au coude à coude, car même si elle est apocryphe, la fameuse injonction « Tuez-les tous. Dieu reconnaîtra les siens ! » exprime bien la réalité des combats. Bref, on constate qu'à la fin de la première décennie des opérations, quand les « Francimans » font retraite, la dissidence connaît sans doute sa meilleure période, une floraison extraordinaire.

Tout cela change avec une nouvelle forme de répression, judiciaire celle-là. Le traité de Paris de 1229 laisse au roi, intervenu dans le Midi depuis 1226, les terres de Trencavel et une bonne part des domaines languedociens des comtes de Toulouse. Le traité est suivi, à l'automne, par un concile qui définit les principes de l'inquisition, la recherche des hérétiques. Les poursuites demeurent, à ce moment, confiées aux évêques. Mais Grégoire IX instaure en 1233 l'Inquisition pontificale, un tribunal chargé de l'hérésie, relevant directement de lui[9].

Ce tribunal est d'abord institué pour des causes ressortissant à l'Italie, mais il est très rapidement étendu à toute l'Europe.

L'Inquisition est en effet l'une des expressions de l'extension universelle du pouvoir pontifical. C'est une justice inquisitoire, dérogatoire à tout autre droit, qui peut intervenir partout, *ratione fidei*, pour la défense de la foi. Énorme différence, toutefois, avec la croisade, la justice inquisitoriale ne dispose par elle-même d'aucune force matérielle. Nulle part, elle ne peut intervenir sans l'assistance du pouvoir civil local, de ses représentants et de ses agents. Elle ne peut fonctionner qu'en association avec le pouvoir temporel.

---

9. *Cf.* L. Albaret, « *Inquisitio heretice pravitatis*. L'Inquisition dominicaine dans le Midi de la France aux XIIIe et XIVe siècles ou la première Inquisition pontificale », in *Praedicatores, Inquisitores I. The Dominicans and the mediaeval Inquisition. Acts of the 1st International Seminar on the Dominicans and the Inquisition*, Rome, 2004, p. 420-446 ; J.-L. Biget, « L'Inquisition en Languedoc 1229-1329 », dans *L'Inquisizione. Atti del Simposio internazionale (1998)*, Città del Vaticano, 2004, p. 41-94.

En Languedoc, la monarchie capétienne, bien installée à partir de 1229, puis héritière du comté de Toulouse, indirectement en 1249, directement en 1271, collabore constamment avec l'Inquisition, lui fournissant souvent subsides et sergents et lui prêtant ses prisons. Cette collusion doit être soulignée. Elle est logique. Pour des raisons sociales : la dissidence met en cause la domination de l'aristocratie, domination dont la monarchie est une forme. Pour des raisons politiques : en prêchant « l'éclatement de l'universel », la dissidence met en cause l'unicité du pouvoir ; elle le disqualifie de manière encore plus perceptible en le faisant émaner de Satan. Pour des raisons religieuses, enfin : la royauté comporte un caractère religieux affirmé, magnifiquement illustré par le sacre et par la sainteté de Louis IX ; en outre, l'unité de foi fonde l'unité politique, à une époque ou le lien religieux est le plus fort garant de la cohésion des populations.

Face à la dissidence, l'Inquisition se révèle beaucoup plus efficace que l'armée des croisés. Elle détruit les solidarités, en opérant en quelque sorte des « frappes chirurgicales »[10]. Elle ne met en cause que certaines familles, certaines personnes, dont les autres se désolidarisent, sous l'effet de la crainte sans doute, mais aussi, comme l'ont analysé certains historiens anthropologues[11], parce que le processus d'exclusion de certains perturbateurs renforce la cohésion d'un groupe humain. Ainsi est-il certain que l'Inquisition joue un rôle important dans le dépérissement de la dissidence.

Toutefois des facteurs plus importants interviennent pour son effacement. Et surtout l'effritement de sa base sociale.

---

10. *Cf.* L. Albaret, « Une pédagogie de la peur : Enquêtes et procès inquisitoriaux aux XIIIe et XIVe siècles dans le Midi de la France », *in* E. Le Roy Ladurie (dir.), *Grands Procès et pédagogie collective, colloque de la Fondation Singer-Polignac*, Paris, 2003, p. 37-54.

11. Tels Giovanni Grado Merlo, René Girard, Robert Muchembled, ou encore Michel de Certeau dans son ouvrage récemment réédité, *La Possession de Loudun*, Paris, 2005.

La petite chevalerie, au XIIIe siècle, achève d'être laminée par l'évolution économique et l'inflation qui abrègent ses revenus. Sa seule planche de salut réside dans l'accès aux offices et aux bénéfices de la monarchie et de l'Église. Dans la dernière décennie du XIIIe siècle, pour la solde, affluent à l'ost de Gascogne bien plus de chevaliers que nécessaire. Le service du roi exclut, naturellement, l'appartenance à la dissidence.

Les élites citadines, quant à elles, se rallient à la monarchie, qui leur offre des possibilités de participation au pouvoir, car elle a besoin de spécialistes du droit, de l'écrit et de la finance. Ces élites désertent progressivement la dissidence ; d'autant qu'elles sont spirituellement reconquises par les mendiants, nouveaux ordres religieux qui développent une pastorale répondant à leurs exigences spirituelles et réduisant le divorce entre pratique marchande et morale chrétienne. En outre – fait d'importance –, dès leur origine, à côté des fils de l'aristocratie, ces nouveaux ordres admettent à parité les fils des élites bourgeoises, auxquelles est ouvert par ce biais l'accès aux dignités ecclésiastiques et à la dignité du pouvoir religieux. Le fait est net pour les prêcheurs de Toulouse dès leur création en 1216. Révolution silencieuse, mais essentielle.

En conclusion

L'histoire religieuse du Languedoc aux XIIe et XIIIe siècles ne se comprend que replacée dans le cadre de l'évolution de la société et des pouvoirs durant cette période.

Le problème de l'hérésie ne se joue pas seulement sur des questions de tolérance ou d'intolérance religieuse. Il met en jeu les structures de la société tout entière, d'où son acuité.

Au Moyen Âge, les faits religieux et les faits sociaux sont consubstantiels. La religion est coextensive à la société. Le champ du religieux, en apparence, semble prégnant du fait de cette union intime. En réalité, tous les niveaux d'instance jouent ensemble et influent les uns sur les autres, ainsi que Georges Duby l'a souvent souligné. La compréhension de l'hérésie relève de l'histoire globale.

Au Moyen Âge, une dissidence religieuse, spirituelle sans aucun doute et au premier chef, comporte également des attendus et des incidences sur le terrain social. L'institution ecclésiastique possède aussi un contenu et des effets sociaux. Comme l'a écrit Jean-Claude Schmitt, « elle agit dans le monde et même au cœur de la société ambiante[12] ».

C'est au XVIIIe siècle que les Lumières ont introduit une franche dichotomie entre la religion et les autres données sociales, laïcisant ces dernières. Ce processus – positif à bien des égards – s'est accompagné d'une mise en accusation des clercs et de l'Église, chargés de tout le poids de la croisade contre les albigeois et de la répression inquisitoriale. De la sorte les paramètres sociaux associés aux phénomènes religieux durant la période médiévale ont été masqués. Au XIIIe siècle, dans la France médiévale et dans l'Europe occidentale en général, la religion n'impliquait pas seulement les consciences. Les conflits religieux étaient intimement associés à des enjeux de société et de pouvoir, ce qui explique les violences qu'ils généraient. L'affaire des albigeois est particulièrement démonstrative à cet égard.

12. J.-C. Schmitt, « Clercs et Laïcs », in *Dictionnaire raisonné de l'Occident médiéval*, *op. cit.*, p. 214-229.

Rousseau et la religion civile, aux origines de la laïcité

Par Bernard Cottret, professeur de civilisation des îles Britanniques et de l'Amérique coloniale à l'université de Versailles-Saint-Quentin, membre senior de l'Institut universitaire de France
Et Monique Cottret, professeur d'histoire moderne à l'université de Paris X-Nanterre

Malgré de nombreuses études philosophiques ou littéraires de très grande qualité, le personnage de Jean-Jacques Rousseau reste mal connu, ou peut-être faut-il écrire « méconnu » des historiens. Et pour tout dire insondable et énigmatique. Nous avons opté dans notre livre *Rousseau en son temps* pour un Rousseau d'historien, un Rousseau dialectique, un Rousseau en mouvement. Il convient de présenter Rousseau dans ses contradictions : s'il fut l'un des principaux philosophes des Lumières, il se montra aussi un critique désabusé de cette philosophie sur laquelle il porta le regard le plus radical. Quitte à s'attirer, il faut bien le dire, les foudres de Voltaire. Dissident du point de vue religieux, genevois et protestant, protestant il fut, protestant il demeura dans sa compréhension des Lumières. Pourquoi Rousseau a-t-il été doublement hérétique et dissident ?

Les sources sont en partie à Genève, ou à Neuchâtel, et nous nous sommes aperçus que l'histoire de Genève est l'une des plus méconnues en France. L'histoire de Genève est méconnue et elle nous livre quelques pistes sur le passé de Rousseau. Et sur notre passé, nous qui croyons à la démocratie. Quels renseignements trouve-t-on dans les archives d'État de Genève ? D'abord des informations sur les origines de Rousseau, bien sûr, et sur la mobilité de sa famille ; les ancêtres de Rousseau vinrent de Montlhéry au XVIe siècle. Ils appartiennent à ce grand mouvement que l'on appelle le « Refuge », constitué d'exilés pour la foi – et qui a donné le mot « réfugié » dans notre langue actuelle. Ce décalage avec le royaume de France explique que la réflexion de Rousseau soit toujours une pensée des marges. Rousseau, protestant, Rousseau, genevois. Il fallait rendre à Rousseau, déraciné volontaire, déraciné conscient, une partie au moins de ses racines.

Notre intérêt pour Rousseau naît d'une passion commune et de l'amour d'une grande idée : la République. Pourquoi et comment, par quels cheminements, la République, ce régime politique de l'Antiquité, est-elle devenue une forme crédible de gouvernement au XVIIIe siècle ? Pourquoi, à partir de la révolution américaine et de la Révolution française, puis de la révolution de 1848, parle-t-on communément de « la » République comme d'une forme moderne, parfaitement adaptée à l'ambition démocratique ? Et donc transposable dans plusieurs pays, sans exclusive. L'on trouvait certes d'assez longue date des références à la *serenissima republica* de Venise ou au *Commonwealth* cromwellien, lors de la révolution anglaise. C'est à Genève que naît véritablement notre réflexion républicaine, à nous qui sommes aussi les héritiers de la Révolution. Dans ses *Confessions*, Rousseau explique comment il a appris à aimer la République et l'histoire romaine avec son père, lors de sa petite enfance. C'est à Genève qu'il apprit à tutoyer les Romains.

La rupture de 1762 : *Émile* et le *Contrat social*

Partons d'une date, 1762. La publication du *Contrat social* et de l'*Émile* provoqua le départ de la France. Ces deux œuvres furent unanimement condamnées, dans tous les pays et par toutes les Églises, y compris protestantes. C'est ainsi qu'auteur adulé de la *Nouvelle Héloïse*, aimé d'une partie des grands du royaume, dont Malesherbes et le prince de Conti, il devint un proscrit. Qu'est ce qui a choqué dans ce traité pédagogique qu'est l'*Émile* ? Ce traité de gouvernement qu'est le *Contrat social* ? Ce sont les questions religieuses et en particulier la liaison entre le politique et le religieux. Ce mélange entre éducation, religieux et politique nous interpelle en tant qu'enseignants.

Que dit fondamentalement l'*Émile* ? Il faut sortir du « péché originel ». Du péché originel sous toutes ses formes. Il faut rompre avec la culpabilité. Avec ce remords qui encore à l'heure actuelle poursuit certaines pratiques pédagogiques imbéciles, fondée sur la culpabilité du corps enseignant, appelé à expier les conditions absurdes faites à la jeunesse. Nous élevions nos enfants comme des coupables. L'on a, depuis peu, déplacé la culpabilité sur les enseignants. Tous coupables. Parents, enfants et professeurs. Tous justiciables d'une thérapie psychologique. Ou pédagogique, à l'heure où la formation se confond avec le formatage. Or fonder un enseignement sur l'expiation est nécessairement une catastrophe. L'École est toujours dans l'œil du cyclone, aujourd'hui comme hier. *L'Émile*, c'est le contraire du péché originel, c'est la proclamation que ces pauvres petits êtres, car il existe encore au XVIIIe siècle une mortalité infantile effroyable, ont le droit d'être heureux.

Il pose la question : Ces enfants, pourquoi les traitez-vous si mal ? Pourquoi les enfermez-vous physiquement (dans des corsets et des maillots) et moralement (par un véritable bourrage de crâne) ? Il faut arrêter cela, rejeter l'idée du péché et permettre l'accès au bonheur, cette idée neuve.

Ce qui a été condamné également, c'est la « Profession de foi du vicaire savoyard », un petit passage de l'*Émile* dans lequel Rousseau définit son christianisme. Le problème de Rousseau, c'est qu'il est à la fois dans les Lumières, à côté des Lumières et parfois contre les Lumières. Dans ce passage, Rousseau se définit comme chrétien, comme disciple du Christ, en aucun cas comme « disciple des prêtres ». En rejetant les dogmes de l'Église, il affirme sa morale, celle des Évangiles. Pour lui, les textes sacrés ont été transformés, interprétés et trahis. Chaque fois que l'Évangile a été interprété par des intermédiaires de l'Église, il y a eu trahison de l'esprit originel du texte. Cette position est aussi choquante pour une partie du monde protestant que pour les pays catholiques.

La place limitée de la religion dans la cité

Dans le *Contrat social*, le chapitre qui a énormément choqué, c'est le chapitre sur la religion civile (« De la religion civile »). Relisons-le en nos temps de délire et d'anathèmes renouvelés. Dans cette partie, Rousseau critique avec virulence la notion de politique chrétienne sur laquelle reposent toutes les monarchies européennes à l'époque moderne. La politique chrétienne, c'est ce que nous appellerions d'un autre mot le cléricalisme. Les sociétés d'Ancien Régime rejetaient communément l'idée, perçue comme infernale, d'une opposition entre la politique et l'éthique. En affirmant cela, Machiavel leur apparut comme diabolique car il affirmait tout haut ce que tout le monde pensait tout bas. Rousseau répliqua que cette politique chrétienne n'existait pas, qu'elle était un leurre, ou une imposture. La religion chrétienne, selon Rousseau, est une religion d'esclaves, car les chrétiens se moquent complètement de ce qui passe sur la terre et ne s'intéressent qu'à la vie éternelle. Il faut donc définitivement séparer politique et religion car si le christianisme a pour Rousseau des valeurs morales, il n'a pas de valeur pour le gouvernement des hommes.

Comment vivre dans cette cité idéale sans religion dominante ? Le premier critère, c'est la tolérance. L'État doit accepter toutes les religions à condition que les religions soient tolérantes entre elles. Celle qui fait preuve d'intolérance doit être exclue. Pour l'époque, comme pour aujourd'hui, cette position est profondément révolutionnaire. Cela redéfinit la religion et cela impose une nouvelle façon de croire qui intègre le doute. Cette nouvelle appréhension du religieux rentre immédiatement en conflit avec l'autorité ecclésiastique. Ensuite, Rousseau critique la notion d'enfer et de damnation. Dans une cité, il est impossible de vivre ensemble si on peut croire qu'une partie des citoyens, qui compose la société, est en proie à la damnation. Une telle pensée est à l'origine de rejet ou de persécutions.

La religion civile

Mais pour que cette cité idéale fonctionne, il faut quand même créer des repères, des valeurs partagées que Rousseau rassemble dans l'idée de « religion civile » – ce que nous appellerons ultérieurement d'un mot la laïcité. Cette religion n'a pas de dogmes, elle est à l'origine de la sociabilité et permet le fait de vivre ensemble. C'est ce qu'évoque Saint-Just au moment de la Révolution en estimant que ce qui fait la nation c'est la « communauté des affections ». La différence entre Rousseau et les révolutionnaires, c'est que Rousseau bannit l'athée de sa cité idéale, non pas qu'il refuse l'athéisme, mais parce que l'athée ne peut pas s'intégrer dans cette sociabilité. Le texte de Robespierre sur l'être suprême en 1794 est un décalque du chapitre de Rousseau sur la religion civile, mais il nuance la pensée de l'auteur du *Contrat social* en disant devant la Convention que l'on peut malgré tout conserver les athées dans la société. Sur le sujet, Rousseau est beaucoup plus précis. Dans ce passage, il y a une note qu'il a supprimée en 1762 car elle était trop provocante mais qu'il rétablit dans l'édition de 1782 du *Contrat social*. Dans cette note, il écrit qu'il ne faut pas confier l'état civil au clergé car, dans ce cas, il possède tous les pouvoirs et l'État n'en a plus. Il fait directement allusion dans ce passage à ce qui a été un grand scandale dans la société du XVIIIe siècle, les refus de sacrements. Dans les années 1750, l'Église catholique refusa les derniers sacrements aux jansénistes minoritaires. Si l'état civil est aux mains du clergé, c'est l'Église qui définit s'il y a des enfants légitimes et donc c'est le clergé qui a la réalité du pouvoir.

Pour défendre ses idées sur la religion civile, Rousseau décida de mettre ses actes en accord avec ses théories. En 1768, il se trouve dans le ressort du parlement de Grenoble où avait eu lieu l'affaire Servan. L'affaire est fort bien résumée par la plaidoirie de cet avocat en faveur d'une femme protestante, mariée « au désert », et donc clandestinement, puis abandonnée par son mari, converti au catholicisme. Il put se remarier car son mariage n'avait pas été enregistré par l'Église. Servan fit remarquer devant le parlement de Grenoble qu'ils avaient vécu ensemble pendant une vingtaine d'années et que l'on devait au moins verser une compensation financière à cette femme. Dans ce cas, il ne s'agissait donc pas d'une affaire strictement morale mais du grand problème de la présence de protestants, non reconnus, dans la France de Louis XV. Les protestants depuis la révocation de l'édit de Nantes n'avaient pas d'existence légale. Pour exister, ils devaient passer par les sacrements catholiques – ce qui pour eux relevait du blasphème ou du sacrilège. Ils refusaient ces sacrements, à l'exception du baptême le plus souvent, et ils se condamnaient donc à la marginalité. L'État royal prit conscience de cette situation : atteintes à la propriété, à la famille, aux transferts des biens. Mais l'Église était totalement opposée à toute amélioration du sort des protestants comme elle s'opposa à toute émancipation des juifs pendant la Révolution. Les parlements du royaume étaient à l'époque de plus en plus saisis de ce type de dossiers.

Rousseau fut très impressionné par l'affaire Servan et il décida de se marier avec sa gouvernante, Thérèse Levasseur, de religion catholique. Il convoqua le maire de Bourgoin (au nord du Dauphiné) qui célébra le premier mariage civil. Dans cette cérémonie, Rousseau était à la fois l'officiant et l'époux. Le discours de Rousseau à cette occasion n'a pas été retenu car le principal témoin, le maire, n'a rien noté tant il était impressionné jusqu'aux larmes par les paroles du philosophe. Plus tard, la Révolution, en accordant un statut officiel à la « veuve Rousseau », entérina ce premier mariage civil.

Bibliographie

— Rousseau, Jean-Jacques, *Œuvres complètes*, B. Gagnebin, M. Reymond (éd.), Paris, Gallimard, « Pléiade », 1959-1995, 5 vol. parus.

— Rousseau, Jean-Jacques, *Correspondance complète*, R. A. Leigh (éd.), Genève, Institut et musée Voltaire, Oxford, The Voltaire Foundation, 1965-1998, 52 vol.

Études

— Carbonnier, Jean, « L'amour sans la loi. Réflexions de psychologie sociale sur le droit de la filiation, en marge de l'histoire du protestantisme français », *Bulletin de la Société de l'histoire du protestantisme français*, 125, 1979, p. 47-75.

— Cottret, Monique et Bernard, *Jean-Jacques Rousseau en son temps*, Paris, Perrin, 2005.

— Goulemot, Jean-Marie, « Stratégies et positions dans les *Dialogues de Rousseau juge de J.-J.* », *Romanistische Zeitschrift für Literaturgeschichte*, n° 3, 1979, p. 113-121.

— Goulemot, Jean-Marie, « Temps et autobiographie dans les *Confessions* », *Thélème*, 16, 2001, p. 151-170.

— Kuwase, Shojiro, *Les* Confessions *de J.-J. Rousseau en France (1770-1794)*, Paris, H. Champion, 2003.

— L'Aminot, Tanguy, « La réception de Rousseau », *La Pensée,* 337, 2004, p. 27-34.

— Launay, Michel, *J.-J. Rousseau, écrivain politique (1712-1762)*, Cannes, ACEL / Grenoble, ACER, 1971.

— Pitassi, Maria-Cristina, *De l'orthodoxie aux Lumières : Genève, 1670-1737*, Genève, Labor et Fides, 1992.

— Trousson, Raymond, Eigeldinger, Frédéric S. (éd.), *Dictionnaire de J.-J. Rousseau*, Paris, H. Champion, 1996.

— Vargas, Yves, « Althusser-Rousseau : Aller-Retour », *Études J.-J. Rousseau,* 13, 2002, p. 9-20.

– II –

Résistances, conciliations et engagements religieux dans le cadre de l'État moderne en Europe et aux États-Unis

La question religieuse dans les discours fondateurs de la Troisième République : interaction orateurs/publics populaires

Par Aude Gerbaud, PRAG à l'IUFM de Créteil

Il sera question ici de ma thèse, soutenue à Paris V en novembre 2004, sous la direction de Claude Lelièvre. J'ai cherché à analyser dans une perspective nouvelle des discours par ailleurs déjà largement connus : ceux de Léon Gambetta, Jules Ferry, Victor Hugo, Louis Blanc, Charles Floquet, Paul Bert, Eugène Spuller, prononcés entre 1870 et 1882.

Je vais ici, dans un premier temps, m'efforcer d'expliciter ma problématique, et présenter une méthodologie interdisciplinaire, puis montrer dans un deuxième temps en quoi ce mode d'analyse peut renouveler l'approche de la question religieuse dans les discours fondateurs de la Troisième République et proposer, en conclusion, quelques pistes didactiques et pédagogiques.

La problématique

Le propos de ma thèse est de redonner à ces discours toute leur *dimension d'oralité*, trop souvent négligée. Il ne s'agit plus de travailler ces « textes » comme des écrits, mais bien comme des discours prenant en compte tout d'abord les aspects matériels (la salle, le décorum, la tribune, le nombre de personnes qui y assistent). Si l'on reprend la distinction opérée par Maurice Agulhon à propos de la statuaire, prononcer un discours devant une Marianne ornée d'une gerbe d'épis ou devant une Marianne portant le bonnet phrygien modifie la teneur même du discours entendu par le public. Tout cet environnement donne sens, il ne peut donc être négligé.

Autre élément, fondamental, celui des réactions des publics présents, en essayant de déterminer au plus près possible la composition sociale de ce public.

À mon sens, des discours ne peuvent bien s'interpréter et s'analyser que par la considération d'une *interaction* entre l'orateur et son public. Ma problématique va même plus loin, puisqu'elle propose d'évaluer une *formation conjointe*, celle du public par l'orateur, bien évidemment, mais également celle de l'orateur par le public.

Je me suis attachée à travailler les discours devant des publics extra-parlementaires, pour l'essentiel populaires. Ces publics, toujours déjà acquis à la République, n'avaient aucun besoin d'être convaincus. Quant aux orateurs, hommes politiques d'envergure nationale, élus de l'Assemblée ou du Sénat, hommes de gouvernement, ils n'étaient nullement obligés de se rendre ainsi devant des publics populaires. La méthode politique était parfaitement nouvelle à l'époque. Je me suis donc interrogée sur l'enjeu de ce *faire politique*.

Méthodologie

Pour faire émerger cette interaction, j'ai utilisé plusieurs méthodes. Je vais présenter ici celles qui peuvent être utilisées avec des élèves du second degré. Tout d'abord, il est possible de recenser toutes les marques des réactions, soigneusement consignées par les sténographes de l'époque et que l'on utilise très rarement : *Applaudissements*, *Salves d'applaudissements*, *Bravos*, *TB*, *Sensations*, *Mouvements*, *Rires*, etc. À y regarder de près, à scruter dans le détail, discours par discours, la fréquence de ces manifestations, le moment où elles apparaissent, comment l'orateur modifie le cours de son argumentation en fonction de ces réactions, il apparaît une tout autre façon de « lire » ces discours. Ces réactions des publics se révèlent une mine absolument passionnante à exploiter. Elles permettent de mettre au jour des corrélations. Il ne s'agit pas, bien évidemment, d'évoquer des certitudes quant à la réception des paroles de l'orateur, mais plutôt des faisceaux de convergences.

Autre méthode possible : s'intéresser à l'*ethos* de l'orateur, c'est-à-dire à la façon dont il se donne à voir à son public. L'orateur emploie-t-il le *Je*, le *Vous*, le *Nous*, le *On*, le *Ils* ? Quel lien établit-il ainsi avec le public présent : l'associe-t-il par un *Nous* chaleureux, le tient-il à distance par un *Vous* accusateur ? Corréler ces différents emplois des pronoms avec les réactions manifestées par le public permet de mieux cerner la finesse d'une rhétorique et d'analyser les éventuels décalages entre orateurs et publics.

Analyser les marques de temporalité est une autre approche intéressante. Les orateurs emploient souvent tour à tour l'imparfait, le passé composé, le présent ou le futur. Où l'orateur situe-t-il son public dans le temps ? Que peut-on en déduire sur l'action qu'il lui prête ?

Enfin, le rythme du discours est important.

Pour donner quelques comparaisons, De Gaulle parlait à la vitesse moyenne de 100-110 mots par minute. Les orateurs des débuts de la Troisième République, d'après mes calculs, devaient parler encore plus lentement, sans micro et devant des publics souvent debout durant deux ou trois heures. Je vous parle aujourd'hui, beaucoup trop rapidement, mais je n'ai que quinze minutes, à 280 mots par minute, plus du double. Notre Premier ministre l'autre soir sur France 2 devait bien atteindre 400 mots par minute.

À mon sens, les idées ne peuvent pas se communiquer de la même façon selon ces rythmes différents. C'est toute cette dimension que je propose de faire travailler aux élèves.

Prenons maintenant un exemple, celui de la question religieuse dans les discours des fondateurs de la Troisième République, discours devant des publics populaires, tous républicains convaincus, rappelons-le. Nous ne sommes pas là dans l'arène parlementaire où le combat fait rage…

La question religieuse, en deux mots : une question politique

Le conflit profond qui divise la France des années 1870-1880 est d'abord un conflit d'idées sur la place de l'Église dans la société. La ligne de clivage idéologique ne coïncide pas avec de quelconques groupes sociaux. Pour les républicains, aucune ambiguïté possible : tous les discours insistent sur le danger toujours présent du poids du cléricalisme, associé aux conservateurs ultramontains. L'*Internationale noire* des jésuites, selon l'expression de l'époque, est systématiquement accusée. Le dénominateur commun des républicains de toutes tendances est bien là : réclamer la séparation des Églises et de l'État, et la mise en place d'une École primaire, laïque, gratuite et obligatoire. Le combat républicain est d'abord politique et anti-clérical.

Anticlérical, mais non anti-religieux. Beaucoup des fondateurs de la République sont libres penseurs, pas tous. Victor Hugo, on le sait, invoque régulièrement les volontés suprêmes ; ce sont elles qui s'accomplissent avec la République enfin installée.

Jules Ferry, le positiviste pourfendeur des congrégations, ira inaugurer la nouvelle faculté protestante de Paris, le 7 novembre 1879, en chantant les louanges de ce monde protestant fidèle depuis toujours aux idées républicaines. Le « grand ministère » de Léon Gambetta fut constitué par un personnel politique largement issu de la communauté juive.

La franc-maçonnerie, quant à elle, se caractérise durant toute cette période par une pluralité d'opinions et de débats de fond très ouverts. Je vous renvoie, si cette question vous intéresse, à la thèse de Jean-Paul Delahaye, *Franc-maçonnerie et Instruction publique, de 1861 à 1882*, soutenue également à Paris V, en 2003.

Les options philosophiques et religieuses peuvent être diverses, voire contradictoires, ce qui rassemble les républicains ne laisse pour autant aucune place au doute : l'État doit être séparé des religions. La question n'est donc pas posée dans les discours devant des publics populaires républicains. Elle est une évidence. Mais une évidence rappelée régulièrement.

Et c'est là qu'une analyse rhétorique précise permet de mieux comprendre la place exacte que joue la question religieuse dans les discours républicains devant des publics populaires.

Observons un moment les réactions du public de Léon Gambetta, lors d'un très célèbre discours qui figure dans bon nombre de manuels scolaires, prononcé à Romans le 18 septembre 1878 où le leader républicain fustige sans détour le péril clérical. Dit ainsi, rien que de très banal. Maintenant, imaginons la scène.

À Romans, sont venues les populations de toutes les campagnes environnantes. La *Marseillaise* est jouée devant l'hôtel de ville. Elle n'est pas encore hymne national en 1878, et garde donc une portée militante. Le discours a lieu devant plus de 6 000 personnes. Un nombre à peu près égal de personnes reste dehors. Il nous faut absolument imaginer le caractère phénoménal de ce type de rassemblement pour comprendre l'interaction qui se déroule à Romans entre l'orateur et son public.

Ce type de public rural peut venir de très loin. La centaine de kilomètres, même à pied, ne le décourage pas. Le public est donc réellement motivé.

Et pourtant, ce public de Romans constitue une exception par la faible fréquence de ses réactions.

Le leader opportuniste, en effet, se lance ce jour-là dans une argumentation qui n'est pas forcément celle que s'attendaient à entendre les républicains de la Drôme.

En gros, le discours de Romans présente un programme républicain opportuniste qui ne va pas de soi dans une région considérée comme « rouge ». Les longs silences du public peuvent s'analyser comme une réprobation, à tout le moins comme une marque de surprise.

La question cléricale, elle, suscite de vives réactions. Les propos se veulent durs et marquants, dénonçant la servitude générale de la société, l'esprit d'ignorance entretenu volontairement par les congrégations.

Mais Gambetta enchaîne en distinguant bien les Églises : le problème clérical n'est ni protestant ni juif. Le conflit est fomenté uniquement par les agents de l'ultramontanisme. Le problème n'est donc pas religieux, il est social. Et là... tonnerres d'applaudissements !

La rhétorique est ici essentielle à démonter. Léon Gambetta et les républicains de gouvernement ont depuis longtemps suscité la foudre des républicains d'extrême-gauche en ajournant « la question sociale ». Ici, par un glissement étonnant, « la question sociale » deviendrait celle du conflit clérical.

Or, les salves d'applaudissements, après de longs moments de silence, semblent accepter l'argumentaire et, par voie de conséquence, l'ajournement de la question sociale. Léon Gambetta a prévenu quelques minutes plus tôt : la question cléricale est un conflit que *Nous* avons à régler…

Le *Nous* souligne l'implication de tous. Les applaudissements lui répondent. Mais Gambetta a bien précisé que cette question tenait en suspens toutes les autres… y compris celles qui laissaient le public silencieux quelques minutes auparavant.

La question religieuse dans les discours des fondateurs de la Troisième République, si l'on veut bien l'analyser dans sa dimension rhétorique, fait émerger un *topos*, ce que l'on pourrait traduire par « évidence commune partagée ». Elle aboutit dans les faits à un transfert de sacralité : elle seule permet de manifester, sans risque de conflit, l'union entre républicains de tendances différentes, tendances de plus en plus affirmées au fil du temps. La question religieuse sert à masquer les risques possibles de conflit. Ce qui devient dès lors passionnant, c'est d'essayer d'analyser pourquoi et comment une telle rhétorique peut fonctionner. Évoquer une simple manipulation des publics par les orateurs ne peut suffire. Les silences, parfois longs, sont aussi révélateurs des résistances du public.

La dérision peut servir ponctuellement à l'orateur. Les saillies concernant les prêtres, les jésuites, les congrégations ne sont, toutefois, pas très nombreuses. Louis Blanc, Charles Floquet, Jules Ferry sont très prudents.

Paul Bert, en revanche, amuse beaucoup ses publics avec les inepties scientifiques enseignées dans les écoles confessionnelles. Surtout en 1879-1880, longues années de conflit à propos de la place des congrégations dans l'enseignement.

Mais le rire est lui-même un enjeu, celui du politique : la science et la raison développent l'esprit critique et favorisent l'esprit démocratique.

La question religieuse n'est jamais évoquée seule, sans son corollaire immédiat, celui de l'école

L'enjeu fondamental est bien là : fonder non pas tant une instruction gratuite et obligatoire qu'une véritable éducation laïque chargée d'unifier la nation.

En 1879, avant même les grandes lois Ferry, 76 % des garçons qui suivent une scolarité primaire sont déjà inscrits dans le public laïque mis en place après la loi Guizot de 1833. Ce sont surtout les filles qu'il va falloir arracher aux mains des congrégations, lesquelles se chargent encore de leur éducation à 56 %.

Or, si les femmes ne votent pas, du moins sont-elles essentielles à la vie du foyer. Renvoyer le religieux dans la sphère privée ne peut se concevoir sans l'éducation laïque de la femme. L'école de Jules Ferry n'a d'autre but que de former de bonnes citoyennes et de bons citoyens, de séculariser la société.

Les publics populaires applaudissent généreusement l'argumentaire sur l'école.

Cela étant, ne nous y trompons pas, les enfants du peuple, ceux qui vont suivre le cursus primaire gratuit, n'ont aucune chance d'accéder au lycée et à la poursuite d'études. Aucun brassage n'est voulu par les républicains des années 1880. Les enfants de notables suivent, quant à eux, un primaire payant au sein des lycées.

La question sociale se joue là, bien évidemment, encore une fois, mais elle est complètement occultée, masquée à l'époque par une question religieuse porteuse d'unanimisme chez les républicains. C'est en ce sens qu'il est fondamental d'analyser les stratégies rhétoriques des orateurs, ce qui ne peut se faire sans une attention extrême portée aux réactions des publics.

La question religieuse, ici, n'est donc pas tant celle d'une spécificité française de la laïcité que celle d'une logique politique en matière de construction de l'État-Nation et donc d'une politique scolaire à son service. Je ne peux que vous renvoyer à l'ouvrage de Benoît Mely, malheureusement décédé, qui a mené une étude comparative de cette question dans une dimension européenne : *De la séparation des Églises et de l'école. Mise en perspective historique : Allemagne, France, Grande-Bretagne, Italie* paru aux éditions Page deux, Cahiers libres.

Pistes didactiques et pédagogiques

Vous l'aurez compris, ma thèse fut interdisciplinaire, tout comme l'est, depuis toujours, mon mode d'enseignement. Il est évident, si l'on veut ainsi travailler un discours dans sa dimension d'oralité, que les objectifs appartiennent tout autant au champ disciplinaire Lettres qu'à celui d'Histoire.

Certains dispositifs sont une véritable opportunité pédagogique pour s'emparer de tels documents sources : les IDD en quatrième (ou ce qu'il en reste…), l'ECJS, les TPE en première L ou ES où les programmes insistent sur l'enracinement d'une culture entre 1879 et 1914, sur le langage, sur les rites républicains.

La Bibliothèque nationale de France nous offre depuis peu une chance extraordinaire. Vous trouverez sur son site la possibilité de télécharger tous les discours de Léon Gambetta en entier : les onze volumes de l'édition Joseph Reinach, par ailleurs très difficiles à trouver, ont été numérisés. C'est un moyen simple, depuis chez soi, de ne plus dépendre seulement des morceaux choisis de nos manuels. L'édition de Joseph Reinach indique toujours les réactions des publics. Chaque discours est présenté dans son contexte local. Des comptes rendus de presse sont parfois disponibles. Certes, ils sont toujours favorables au leader. Il suffit d'en être conscient et d'inciter les élèves à la vigilance.

Mais j'ai envie de dire que même plus ponctuellement, avec un simple extrait utilisé dans le cadre d'un horaire de cours banal, cette démarche peut trouver sens, y compris pour des élèves de première STT qui doivent traiter de l'évolution politique de la France de 1848 à 1939, ceux de seconde technique (musique, danse, hôtellerie) qui ont au programme l'établissement de la Troisième République ou encore les premières professionnelles qui doivent traiter des institutions et de la vie politique.

N'oublions pas que toutes les disciplines enseignées sont également censées participer à une meilleure maîtrise de la langue. Analyser ainsi la rhétorique d'un discours, plutôt que d'en rester aux seules idées, se révèle un exercice excellent en la matière.

Et c'est, historiquement, un exercice plus juste.

Dans le cadre des discours fondateurs de la Troisième République, la question qui nous occupe aujourd'hui, celle des *Résistances, conciliations et engagements religieux dans le cadre de l'État moderne*, est très simple à traiter en terme d'argumentaire :

« pour un républicain de 1870-1880, l'État laïque renvoie au domaine privé tout ce qui est d'ordre religieux. Il s'agit de se battre contre toutes les forces qui s'opposent à la séparation des Églises et de l'État. Le combat est limpide à défaut d'être facile à mener ».

Le faire comprendre aux élèves est fondamental, certes. Mais ce n'est pas suffisant. N'est-il pas tout autant formateur de leur montrer en quoi la question religieuse sert – aussi – à occulter d'autres questions fondamentales comme la question sociale ou l'égalité d'éducation ? Faute de cette analyse, il est bien difficile de comprendre toutes les luttes sociales, tout le combat pour une école démocratique qui caractérisent la fin du XIXe et jalonnent tout le XXe siècle. Le XXIe peut-être ? Le problème, c'est que pour entrer pleinement dans ce type d'analyse, il faut que la notion républicaine de laïcité, au double sens de neutralité religieuse ET d'engagement politique, l'un ne pouvant se concevoir sans l'autre, soit comprise comme une évidence partagée. Faute de cette évidence, qui fut celle des républicains de 1870-1880, tous leurs discours ne peuvent donner lieu qu'à contresens. Et c'est là, me semble-t-il, que se situe l'enjeu fondamental de l'utilisation, en classe, de ce type de document.

Bibliographie

— Amossy, Ruth, *L'Argumentation dans le discours. Discours politique, littérature d'idées, fiction. Comment peut-on agir sur un public en orientant ses façons de voir, de penser ?*, Paris, Nathan Université, 2000.
— Barral, Pierre, *Les Fondateurs de la Troisième République*, Paris, A. Colin, 1968 (bien vieux, mais encore irremplacé !).
— « Discours et plaidoyers politiques de Monsieur Gambetta », rassemblés par Joseph Reinach, Paris, Charpentier, 1881 (11 vol. numérisés sur le site de la BNF).
— Millot, Hélène et Saminadayar-Perrin, Corinne (dir.), *Spectacles de la parole*, Éditions des Cahiers intempestifs, Lieux littéraires, 2003.

Un engagement minoritaire sous l'œil de l'Église : les chrétiens dans le champ syndical français

Par Stéphane Sirot, professeur d'histoire-géographie, chargé de cours à l'université de Cergy-Pontoise

Dans le champ syndical français, la présence plus que centenaire du syndicalisme chrétien n'est guère une évidence : dans un pays où les relations entre l'espace public et la sphère privée du religieux se sont progressivement puis fermement distendues, où le mouvement ouvrier s'est construit sur des fondations largement érigées par des tendances hostiles à l'État et à l'Église, il n'était pas simple d'implanter des organisations salariales à connotation confessionnelle. D'ailleurs, de ses origines à nos jours, le syndicalisme chrétien n'a jamais rassemblé qu'une minorité de travailleurs, s'engageant en outre moins volontiers que d'autres dans l'action gréviste, pourtant au cœur du système de régulation conflictuelle des relations sociales françaises[1].

Cette situation spécifique, singulière, où se déploie le militantisme chrétien contribue sans doute à expliquer la relative marginalité historiographique dans laquelle il se trouve plongé, qui reçoit notamment son écho dans les manuels scolaires.

Pourtant, l'ancienneté du syndicalisme chrétien, son empreinte qui dépasse son strict périmètre numérique, la marque qu'il imprime par ailleurs au niveau européen[2], rendent nécessaire de connaître les grandes lignes de son évolution historique.

---

1. *Cf.* S. Sirot, *La Grève en France. Une histoire sociale (XIXe-XXe siècle)*, Paris, Odile Jacob, 2002.
2. *Cf.* S. H. Scholl (dir.), *150 Ans de mouvement ouvrier chrétien en Europe de l'Ouest, 1789-1939*, Louvain-Paris, Nauwelaerts, 1966.

Les manuels scolaires : un état des lieux accablant, entre vide et raccourci caricatural

Un constat s'impose d'emblée : l'engagement des chrétiens dans le champ syndical français apparaît quasiment absent des manuels scolaires.

Au niveau du collège, rien n'en est dit dans les programmes des classes de quatrième et de troisième. Dans le premier niveau cité, qui aborde l'industrialisation de l'Europe du XIXe siècle à la veille de la Grande Guerre, le silence est de mise sur le syndicalisme chrétien qui signe alors ses premiers actes de naissance, tandis que la plus haute hiérarchie de l'Église se montre plus attentive aux questions sociales et à ses propres modes d'intervention dans ce domaine.

En troisième, ni la période du Front populaire, où la CFTC ne reste pas étrangère à la vague de grèves du printemps mais est tenue à l'écart des négociations de Matignon, ni dans le même ordre d'idée l'effervescence sociale de Mai 68, ne donnent lieu à mention du rôle certes secondaire joué par le syndicalisme chrétien. Le moment de la « déconfessionnalisation » de la majorité de la CFTC, événement social pourtant d'importance puisqu'il donne naissance à la CFDT (1964), n'est pas non plus évoqué.

Dans les manuels de lycée, si le désert du collège n'est plus tout à fait de mise, il n'est pas pour autant remplacé par une forêt dense d'informations. En effet, peu de choses sont dites, d'ailleurs toujours les mêmes, dans les ouvrages des classes de première, les seuls à s'intéresser quelque peu à l'engagement syndical des chrétiens. Le programme d'histoire de ce niveau l'aborde dans la première partie, sur « l'âge industriel et sa civilisation du milieu du XIXe siècle à 1919 ». Un rappel des prémices officielles de l'investissement confessionnel du champ social, de l'intervention organisée des chrétiens dans cet espace qui demeure pour eux encore largement étranger, est effectué. À cet égard, les manuels ont généralement en commun de s'appuyer sur un document le plus souvent unique, posé en acte fondateur éminemment incontournable : l'encyclique du pape Léon XIII,

Rerum Novarum, de mai 1891. Les commentaires ou les quelques lignes de leçon qui accompagnent l'extrait du document papal le présentent en effet comme un message qui libère les énergies contenues, un moment qui sonne la charge de l'investissement du militantisme ouvrier par les croyants. Ainsi selon le manuel Hachette, « cette nouvelle attitude pontificale favorise la création des premiers syndicats chrétiens » (p. 54). Légèrement moins lapidaire, le livre publié par Belin souligne qu'à la fin du XIXe siècle, donc au lendemain de l'initiative de Léon XIII, « apparaît un syndicalisme chrétien qui, s'il reste limité en France, connaît un vif succès en Italie et en Allemagne » (p. 72). Enfin, élargissant davantage le périmètre des organisations chrétiennes à vocation sociale, le manuel proposé par Bertrand-Lacoste souligne que « des catholiques français, autour de Marc Sangnier[3], veulent diffuser le message chrétien vers la population ouvrière » (p. 80). Notons au passage qu'ici, le syndicalisme chrétien n'est même pas cité...

Mais est-il d'ailleurs un syndicalisme vraiment authentique ? La question mérite d'être soulevée, tant il paraît que le syndicalisme chrétien peut être à l'occasion incidemment associé à une forme d'engagement dont l'émancipation du monde laborieux n'est pas nécessairement l'objectif naturel et qui semble même parfois pouvoir être identifiée à une manière de « collaboration de classe ». Une illustration emblématique de cette affirmation est fournie par le manuel Bertrand-Lacoste qui écrit ainsi :

« À partir des années 1900 se développe un syndicalisme de masse [...] **Dans les années 1930, les divisions syndicales et les nouveaux courants (syndicats « jaunes », chrétiens...) affaiblissent le mouvement**[4] » (p. 54).

Joindre dans un même mouvement, une même continuité, le syndicalisme « jaune », voué à briser les grèves, et le

3. Fondateur du « Sillon » en 1894, qui réunit des chrétiens soucieux des questions sociales tout en étant opposés au socialisme.

4. En gras dans le texte original.

syndicalisme chrétien, inscrit assez clairement ce dernier parmi les formes de militantisme somme toute contre-nature, en opposition avec celles qui recherchent normalement, presque par nature l'émancipation de la classe sociale dont ils ont pris en charge la représentation des intérêts.

Il faut de surcroît remarquer que les rares évocations de l'engagement syndical chrétien apparaissent dans le chapitre consacré à « Religion et culture ». Il semble légitime d'y voir une manière de signifier ou de postuler que cet engagement se développe sous l'œil de l'Église et dans une démarche essentiellement religieuse, avant même de représenter une forme de préoccupation sociale, de volonté plus affirmée qu'auparavant d'engagement actif aux côtés d'un monde ouvrier encore bien souvent dans une situation de forte domination, voire de relative marginalité au sein de la société industrielle en expansion.

Quoi qu'il en soit, la faiblesse du traitement de l'engagement des chrétiens dans le champ syndical français par les manuels scolaires peut sans doute s'expliquer assez aisément, dès lors que le problème est replacé dans son contexte global. En effet, la lacune majeure vient certainement de la préoccupation réduite accordée, aujourd'hui souvent plus qu'hier, à l'histoire sociale dans les programmes des classes de collège et de lycée. Il est ainsi frappant de constater que les grands moments de l'histoire sociale française du XXe siècle, tels la vague de grèves du printemps 1936 ou Mai 68, se voient attribuer un traitement fort lacunaire eu égard à leur importance fondamentale. Et pour en revenir au strict champ syndical, la CGT, sa naissance, son rôle et son évolution sont à peine retracés, si ce n'est pour faire figurer en document la fameuse « charte d'Amiens » de 1906 et une ou deux affiches revendicatives ! En somme, si l'organisation salariale la plus marquante de la société française se trouve aussi nettement ignorée, on imagine mal comment un syndicalisme très minoritaire pourrait trouver une place conséquente. Au-delà, il reste bien évident que le problème majeur est celui de l'orientation choisie par les programmes, qui se sont engagés sur la voie de l'exclusion progressive d'une analyse pertinente et approfondie des théories politiques et des organisations qui, aux XIXe-XXe siècles, ont porté les espoirs d'émancipation du monde ouvrier puis du salariat et leurs actions revendicatives.

De surcroît, il est également probable que l'aspect relativement maigre de l'historiographie consacrée au syndicalisme chrétien ne contribue certainement pas à ce qu'une importance plus grande lui soit accordée.

Une historiographie lacunaire

Les travaux de recherche consacrés au syndicalisme chrétien sont apparus au milieu des années 1960. Quelques rares publications pionnières éclosent alors. Classiquement dès lors que s'ouvre véritablement un champ de recherche, les histoires générales sont plutôt privilégiées[5]. Les ouvrages qui développent des aspects plus thématiques ou davantage centrés sur des périodes cruciales sont à l'inverse l'exception, même si les années refondatrices 1940-1950 et le rapport du syndicalisme chrétien au politique et aux institutions temporelles ou spirituelles éveillent précocement l'intérêt[6].

Au cours des années suivantes se développent les approches régionales du syndicalisme chrétien. À cet égard, le Nord, au monde ouvrier volontiers christianisé, apparaît comme une terre d'analyse privilégiée[7]. Quelques rares autres départements ont également suscité l'intérêt, pas nécessairement en relation avec l'intensité de leur pratique religieuse, mais peut-être davantage du fait de la présence

5. Ainsi Gérard Adam, *La CFTC*, Paris, Presses de Sciences Po, 1964, ou Robert Talmy, *Le Syndicalisme chrétien en France (1871-1930)*, Paris, Bloud et Gay, 1965.

6. G. Adam, *La CFTC 1940-1958. Histoire politique et idéologique*, Paris, Armand Colin, 1964.

7. Jean-Yves Derville, « Les débuts de la CFTC dans l'arrondissement de Lille (1919-1931) », *Revue du Nord*, t. LI, n° 203, octobre-décembre 1969, p. 603-627, ou Michel Launay, « Les syndicats chrétiens du Nord de la France de 1940 à 1944 », *Revue du Nord*, t. LX, n° 238, juillet-septembre 1978, p. 475-494.

d'universitaires sensibles à l'histoire du mouvement ouvrier dans sa diversité, tel l'Isère[8]. Les approches par secteur d'activité demeurent en revanche exceptionnelles[9].

Il faut attendre ensuite les années 1980 pour trouver de nouveau des travaux majeurs, au premier rang desquels la thèse publiée de Michel Launay, considérée comme un classique incontournable[10], venue juste après une synthèse du même auteur[11]. Parallèlement s'enrichissent les analyses régionales, ainsi sur la fervente Bretagne catholique[12].

Depuis les années 1990, les publications d'importance paraissent se raréfier. Les approches semblent se faire plus thématiques, avec toujours l'intérêt pour la question du rapport au politique[13], d'ailleurs plutôt classique dans les recherches sur un syndicalisme français particulièrement sensible à ce champ de la cité, ou des approches ciblées sur une période phare telle la Seconde Guerre mondiale[14].

L'historiographie privilégie par ailleurs largement un événement qui secoue l'engagement syndical chrétien, le disloque sous l'effet d'une manière de sécularisation teintée de socialisme autogestionnaire : la scission de la CFTC qui donne naissance en 1964 à la CFDT. Ce moment crucial de l'histoire du syndicalisme, à la fois dislocateur et fondateur, a engendré

8. Dominique Bonazzi, *Évolution de la CFTC dans l'Isère de 1945 à 1964*, TER d'histoire, université de Grenoble II, 1974.

9. Pierre Trimouille, « Aux origines du syndicalisme moderne d'inspiration chrétienne : les syndicats chrétiens dans la métallurgie française de 1935 à 1939 », *Le Mouvement social*, n° 62, janvier-mars 1968, p. 27-47.

10. *La CFTC, origines et développement 1910-1940*, Paris, Publications de la Sorbonne, 1986.

11. *Le Syndicalisme chrétien en France de 1885 à nos jours*, Paris, Desclées de Brouwer, 1984.

12. Par exemple André Dorso, *Les Facteurs d'une évolution syndicale. Histoire de la CFCT-CFDT des origines à 1964 en Ille-et-Vilaine*, mémoire de DHEPS, Collège coopératif en Bretagne, université de Rennes II, 1987.

13. Bruno Béthouart, *Des syndicalistes chrétiens en politique (1944-1962). De la Libération à la Ve République*, Lille, Presses universitaires du Septentrion, 1999.

14. Carole Sandejaud, *Le Syndicalisme chrétien sous l'Occupation*, maîtrise, université de Lyon II, 1996.

des travaux majeurs[15] qui cependant s'interrogent davantage sur le processus de la séparation et les traits caractéristiques des militants de la confédération naissante que sur les implications de la scission pour le syndicalisme chrétien lui-même.

Plus récemment, l'intérêt porté à l'engagement des chrétiens dans la défense du monde du travail, dans leur rencontre avec lui, paraît nettement moins focalisé sur sa version syndicale que sur certaines de ses dimensions plus englobantes. Les recherches novatrices réalisées depuis quelques années sur les prêtres-ouvriers ou au travail illustrent ainsi parfaitement cette tendance[16]. Ces hommes au service d'une certaine idée de l'Église développent des engagements embrassant pleinement le champ social, sans pour autant se retrouver nécessairement dans des structures militantes à fondement religieux : leur adhésion syndicale croise bien plus fréquemment le chemin de la CGT que celui de la CFTC[17].

On l'aura compris, le syndicalisme français à dimension chrétienne a modérément attiré l'attention des spécialistes des organisations de salariés. L'histoire et l'action présente de la CFTC demeurent sans aucun doute encore largement plus méconnues que celles des confédérations concurrentes. Le passé de la centrale chrétienne suit pourtant des voies relativement originales qui recouvrent deux temps majeurs.

Les deux âges du syndicalisme chrétien[18]

L'histoire centenaire de l'engagement chrétien dans le

15. Frank Georgi, *L'Invention de la CFDT 1957-1970*, Paris, Éditions de l'Atelier/CNRS Éditions, 1995.

16. *Cf.* en particulier Charles Suaud et Nathalie Viet-Depaule, *Prêtres et ouvriers. Une double fidélité mise à l'épreuve, 1944-1969*, Paris, Karthala, 2004.

17. Comme le montre la communication de N. Viet-Depaule.

18. Outre les indications bibliographiques citées précédemment, les grands points de repère évoqués dans cette partie trouvent également des compléments pratiques et utiles dans René Mouriaux, *Quarante Ans d'histoire de la CFDT (1964-2004)*, Montreuil, Institut d'histoire sociale CGT, 2004.

champ syndical peut être déclinée à partir de deux grands âges : l'un s'étale de sa naissance jusqu'à la Seconde Guerre mondiale ; l'autre court des recompositions de la Libération à nos jours.

Le premier âge présente un visage aux traits marqués par la dimension confessionnelle de l'engagement. Au cours de ses premières décennies d'existence, le syndicalisme chrétien est en effet étroitement lié à l'Église, davantage que par la suite placé sous surveillance par l'institution ecclésiastique. Cet « âge missionnaire » est également celui où les organisations chrétiennes déploient leur action sous la forme d'un syndicalisme de conciliation aux contours jusqu'au-boutistes : parfois poussée jusqu'à l'extrême, cette conciliation doit permettre d'éviter la confrontation capital-travail généralement honnie.

Contrairement à ce que laissent entendre les manuels d'histoire, l'encyclique *Rerum Novarum* (1891) de Léon XIII ne signe pas l'acte de naissance du syndicalisme chrétien. Quatre ans plus tôt, en 1887, s'est formé le syndicat des employés de commerce et d'industrie, le premier syndicat chrétien. *Rerum Novarum* offre en revanche au militantisme des chrétiens dans le syndicalisme une impulsion non négligeable, même si le texte papal n'est pas aussi clair que paraissent le présenter les livres des lycéens, en ce qui concerne plus particulièrement la forme que doit revêtir l'engagement chrétien : il reconnaît le droit d'association, mais sans trancher sur le choix entre l'association autonome des salariés ou l'association mixte rassemblant à la fois des ouvriers et des patrons[19]. Cette manière d'ambiguïté n'est d'ailleurs pas levée par Pie XI lorsqu'il actualise la doctrine sociale de l'Église en publiant l'encyclique *Quadragesimo anno* (1931), bien qu'il insiste davantage que Léon XIII sur l'idée de « justice sociale ».

Quoi qu'il en soit, au cours des dernières années du XIXe siècle et jusqu'à la Grande Guerre, des syndicats chré-

19. *Cf.* Denis Maugenest, *Le Discours social de l'Église catholique de Léon XIII à Jean-Paul II*, Paris, Centurion, 1985, p. 57.

tiens éclosent, en particulier dans le Nord, à Paris et à Lyon. Ces organisations se fédèrent les 1er et 2 novembre 1919 dans une Confédération française des travailleurs chrétiens (CFTC). La création d'une organisation commune apparaît alors comme une nécessité soutenue par le pape Benoît XV, dans un contexte plutôt favorable. À un moment d'agitation sociale intense et de poussée communiste un peu partout en Europe, le syndicalisme chrétien représente un outil d'opposition au syndicalisme « athée » et « matérialiste ». De surcroît, les mouvements sociaux qui agitent la France en 1919-1920 favorisent l'éclosion de nouveaux syndicats chrétiens. Le moment est donc venu de créer les moyens d'un rassemblement d'entités disséminées dans une part désormais de plus en plus étendue du territoire.

La jeune CFTC compte un peu moins de 100 000 adhérents – soit environ dix fois moins que la CGT –, dont plus d'un cinquième sont des Alsaciens-Lorrains revenus dans le giron de la France après la guerre. La nouvelle confédération affirme fonder son existence et son action sur quelques principes fondamentaux : la paix sociale par la justice et la charité chrétienne ; la primauté de l'homme dans la production ; la nécessité de transformations économiques ; la réalisation des objectifs ainsi définis par la collaboration des éléments producteurs ; la satisfaction des revendications au moyen d'une action strictement professionnelle, avec le concours des forces religieuses, morales et intellectuelles susceptibles d'aider à la formation des travailleurs. Cette démarche définit un syndicalisme qui repose sur les valeurs véhiculées par l'Église, mais aussi en contradiction assumée avec la CGT et la tradition française, fondée sur un rapport de forces entre classes antagoniques, un anticléricalisme souvent virulent, une sensibilité très intense au champ politique et une utilisation exponentielle de la pratique gréviste.

Au cours de l'entre-deux-guerres, la CFTC connaît une montée en puissance à la fois progressive et relative. Au moment du Front populaire par exemple, elle rassemble quelque 400 000 travailleurs, soit quatre fois plus qu'à sa naissance. Mais le rapport de un à dix entre la CFTC et la CGT demeure. Un peu comme si la CFTC parvenait à séduire un nombre croissant de salariés sans pour autant véritablement réussir à mordre sur sa grande sœur concurrente qui tend d'ailleurs à l'ignorer et à l'isoler. Cette situation s'explique somme toute aisément dans le contexte français. D'une part, la classe ouvrière se trouve largement sécularisée au moment où le syndicalisme chrétien connaît ses premiers développements, dans une situation marquée par les débats houleux et la radicalisation des lignes de fracture produits par la loi de 1905 de séparation des Églises et de l'État. D'autre part, le militantisme des travailleurs chrétiens peut également se déployer à l'intérieur de la CGT : la « charte d'Amiens » qu'elle a adoptée à son congrès de 1906 proclame fièrement l'autonomie syndicale et ouvrière, instituant ainsi une forme de laïcité syndicale susceptible d'accueillir et de faire cohabiter les différentes formes d'engagement personnel, politiques ou philosophiques, dès lors qu'elles demeurent à la porte de l'organisation salariale.

Les bouleversements induits par la Seconde Guerre mondiale contribuent à faire entrer le syndicalisme chrétien dans une deuxième grande phase, celle de l'« âge séculier » qui voit sa volonté d'autonomie se renforcer et s'affirmer de façon structurée.

Ce renforcement de la radicalité militante et de l'indépendance à l'égard de l'institution ecclésiastique répond à des circonstances particulières. D'abord, il est possible d'y lire l'effet de l'engagement dans la Résistance, avec par exemple sa figure de proue Gaston Tessier qui siège au Conseil national de la Résistance. En rejetant majoritairement la Charte du travail, en s'opposant à l'Occupation et au régime de Vichy, la CFTC s'extrait du soupçon qui pesait parfois sur elle de constituer un syndicalisme sinon prompt à trahir les intérêts du monde du travail, du moins peu engagé dans leur défense active. La position adoptée par les syndicalistes chrétiens les éloigne en outre de la majorité de l'épiscopat plutôt pétainiste. Enfin, l'engagement dans la

Résistance crée une proximité inédite avec notamment des militants de la CGT et du PCF jusque-là perçus au mieux comme des concurrents redoutables, au pire comme des adversaires acharnés. Ce rapprochement induit par les nécessités du moment, même s'il est de courte durée, n'est sans doute pas sans conséquences sur l'évolution de l'engagement syndical des chrétiens. Signe des temps nouveaux, les statuts modifiés de la CFTC ne font plus référence à partir de 1947 à l'encyclique papale *Rerum Novarum*, c'est-à-dire à la doctrine, mais plus simplement « aux principes de la morale sociale chrétienne ».

Par ailleurs, au sein de la CFTC, dans la foulée des recompositions dues à la guerre, se constitue dès la fin de 1945 et gagne assez rapidement en ampleur une tendance minoritaire active, dénommée Reconstruction[20], aux militants de qualité – tels l'intellectuel Paul Vignaux ou le gazier François Hennebicque – qui grignotent progressivement du terrain pour finir par remporter la majorité lors du congrès de 1964, où se produit la « déconfessionnalisation » de la CFTC qui donne lieu à une scission et à la naissance de la CFDT. Une CFTC se maintient, mais considérablement affaiblie.

Quelle est aujourd'hui la situation de la CFTC ? Toujours attachée à son identité, active en 1984 dans le mouvement de défense de l'école privée, elle a rassemblé lors des élections prud'homales de décembre 2002 un peu moins de 10 % des suffrages ; dans l'ensemble des fonctions publiques, elle a dépassé à peine 3 % des voix. Avec sans doute entre 100 000 et 150 000 adhérents, elle est avec la CFE-CGC la plus petite des organisations syndicales représentatives au niveau national[21].

Sur la durée séculaire de leur histoire, le syndicalisme chrétien en général et la CFTC en particulier apparaissent comme

20. *Cf.* notamment Madeleine Singer, « Marcel Gonin et le groupe Reconstruction au sein de la CFTC, 1946-1953 », *Les Amis du Père Lebret*, cahier n° 11-12, septembre 1995, p. 31-49.

21. Cf. *Le Monde « Dossiers et documents »*, n° 346, octobre 2005, p. 2.

des cas originaux mais modérément analysés du paysage syndical français. Ce mouvement presque absent des manuels scolaires revendique ses couleurs confessionnelles au pays de la laïcité. En termes d'idéologie ou d'orientations philosophiques, la CFTC peut sembler la plus stable des confédérations françaises ! Elle se trouve cependant elle aussi pétrie de contradictions. Elle a toujours dû se défaire d'une image à connotation souvent négative, associée à une forme d'organisation de collaboration de classe bridant volontiers les revendications sociales. Cela tient sans doute en partie à l'ambivalence du positionnement de la centrale chrétienne qui a sans cesse cherché à se frayer un chemin entre l'évitement maximal du conflit et la satisfaction des revendications qui, dans le cas français, se produit difficilement dès lors qu'elles ne sont pas portées par un rapport de forces. Récemment encore, lors du mouvement social du printemps 2003, la CFTC n'a pas approuvé le relevé de conclusion sur la réforme des retraites des fonctionnaires tout en refusant de s'associer à la journée de mobilisation du 25 mai. Son président, Jacques Voisin, a tenté une explication du positionnement *a priori* singulier de sa centrale, qui illustre assez bien la méthode empruntée par son organisation : « Notre culture n'est pas celle du conflit mais celle de la discussion. Nous sommes réformistes et nous éprouvons un attachement profond à la négociation collective, mais nous n'acceptions pas que les partenaires sociaux que nous sommes ne soient pas écoutés[22]. »

Soulignons enfin que l'engagement des chrétiens dans le syndicalisme et le champ social ne se limite pas aux seules organisations autonomes revendiquant une dimension religieuse : la CGT, plus tard la CFDT, rassemblent des militants qui peuvent se reconnaître une appartenance confessionnelle tout en choisissant un syndicalisme qui leur paraît mieux correspondre à leur perception de l'action revendicative. Enfin, s'engager dans l'action sociale, cela fut aussi, pour certains, vivre leur sacerdoce sur le lieu même de l'exploitation du salariat, comme se sont employés à le démontrer les premiers les prêtres-ouvriers.

22. Cité dans *Le Monde « Initiatives »*, avril 2004.

Un engagement minoritaire sous l'œil de l'Église : les prêtres au travail

Par Nathalie Viet-Depaule, CEMS (Centre d'étude des mouvements sociaux)/CNRS/EHESS

Des chrétiens choisissent la CGT

De 1919 à 1936, tout catholique désireux de se syndiquer faisait le choix d'adhérer à la CFTC. Ce furent les événements de 1936 qui amorcèrent un tournant. Non seulement la CFTC vit son nombre d'adhérents augmenter (180 000 entre juin 1936 et avril 1937[1]), mais ses nouveaux adhérents étaient massivement des ouvriers dont beaucoup étaient issus de la Jeunesse ouvrière chrétienne (JOC), c'est-à-dire d'un des mouvements de l'Action catholique spécialisée. La CFTC put dès lors se prévaloir de posséder une composante ouvrière. Autre changement notable, elle comptait parmi les nouveaux adhérents des chrétiens qui n'étaient pas catholiques et surtout des non-chrétiens qui avaient opté pour la CFTC par « anticégétisme », pour faire pièce à la puissante CGT. Inutile de dire que ces nouveaux syndiqués n'étaient pas motivés par une démarche spirituelle. Et, bien que le recrutement de la CFTC sous le Front populaire amorce une certaine ouverture, voire un certain infléchissement comme la démarche de Paul Vignaux en témoigne lorsqu'il demande en 1937 à Gaston Tessier de ne faire aucune référence à la doctrine sociale de l'Église dans la fondation du SGEN[2], bien que ces éléments annoncent le début d'une laïcisation, des chrétiens ne trouvèrent pas leur place à la CFTC et choisirent d'adhérer à la CGT.

---

1. Michel Launay, *La CFTC. Origines et développement 1919-1940*, Paris, Publications de la Sorbonne, 1986, p. 421.
2. *Ibid.*, p. 423.

Je prendrai deux exemples : les militants du Mouvement populaire des familles et les prêtres-ouvriers. Dans le premier cas, je tenterai d'expliquer comment le choix de la CGT s'est imposé progressivement alors qu'il était improbable au départ ; dans le second cas, j'essayerai d'indiquer que la CGT ne pouvait qu'apparaître comme le seul syndicat possible pour les premiers prêtres-ouvriers, et plus largement pour tout ouvrier chrétien progressiste.

Les militants du Mouvement populaire des familles (MPF)

Qui étaient ces militants ? Des anciens militants de la Jeunesse ouvrière chrétienne (fondée en 1926) qui se retrouvèrent, une fois devenus adultes, dans la Ligue ouvrière chrétienne (la LOC, fondée en 1935). En 1941, en pleine Occupation, la Ligue, confrontée « à une situation sociale et politique qui lui impose de nouveaux choix », se transformait en Mouvement populaire des familles[3].

Un des traits caractéristiques du MPF était alors la création de divers services à destination des familles ouvrières. Il s'agissait à la fois d'un projet d'apostolat vers les ouvriers, mais aussi d'une volonté de transformer l'ensemble de la société dont la mise en œuvre allait avoir des répercussions diverses aux lendemains de la guerre, dont celle de conduire ses militants à adhérer à la CGT. J'avancerai chronologiquement quelques éléments qui permettent de comprendre comment des militants d'origine chrétienne firent ce choix.

1°) Les militants du MPF étaient détenteurs d'un modèle d'action. Ils l'avaient acquis lorsqu'ils étaient jocistes. Les slogans « entre eux, par eux, entre eux » et « voir, juger, agir » leur avaient donné une vision du monde, une méthode d'analyse et un mode d'action. Ils avaient bénéficié d'une véritable pédagogie qui misait sur « l'apprentissage d'un savoir-faire concret dans le cadre d'un groupe uni par l'ap-

3. « Une politique de l'agir. Stratégie et pédagogie du Mouvement populaire des familles », *Les Cahiers du GRMF*, 10, 1997, *cf.* le chapitre IV.

partenance de ses membres au même milieu social[4] ». En effet, pour créer une dynamique de rapprochement entre l'Église et les jeunes ouvriers (« nous referons chrétiens nos frères »), ils avaient utilisé les services matériels que la JOC puis la LOC offraient et qu'ils avaient eux-mêmes organisés (par exemple, aider les jeunes chômeurs, s'occuper des jeunes atteints par la tuberculose ou s'initier aux services d'épargne pour une future vie de couple). Ils avaient aussi, à la suite de la création des congés payés en 1936, participé à la mise en place d'associations de loisirs (auberges de jeunesse, camps et maisons de vacances).

La guerre, puis le régime de Vichy incitèrent les militants du MPF à développer d'autres services pour faire face aux difficultés des familles populaires durant cette période, d'autant plus que, dans un premier temps, ils trouvèrent dans certains thèmes de la Révolution nationale – surtout la défense de la famille – des raisons d'espérer. Ils utilisèrent les mêmes méthodes qu'à la JOC ou qu'à la LOC : enquête, estimation des situations et des besoins des familles et action. Ils mirent en œuvre eux-mêmes (c'est ce qu'il est important de souligner) des services de ravitaillement, d'entraide, d'aide aux familles, destinés à des hommes et à des femmes, habitant les mêmes quartiers, connaissant les mêmes difficultés.

2°) Les militants du MPF avaient acquis une autonomie. Peu à peu, leur projet intégral d'action s'affirma en concurrence avec d'autres projets analogues promus par d'autres organisations, socialistes ou laïques. Il ne faut pas oublier que l'Église entendait avec le MPF participer à la transformation des conditions de vie des familles populaires et s'attacher à celles-ci. Or elle ne bénéficia pas de la dynamique que le mouvement avait créée, bien au contraire. On peut même dire que l'autonomie, que les militants avaient acquise,

4. Yvon Tranvouez, « Le militant d'Action catholique », *in* Bruno Duriez, Étienne Fouilloux, Denis Pelletier, Nathalie Viet-Depaule (dir.), *Les Catholiques dans la République 1905-2005*, Paris, Les Éditions de l'Atelier, 2005, p. 227.

contribua à les émanciper des autorités ecclésiastiques. Après la guerre, le mouvement, dont les finalités étaient toujours les mêmes, c'est-à-dire préserver la famille populaire, la valoriser face à d'autres modèles (Union des femmes françaises, par exemple), présenta ses services comme une alternative à la société capitaliste, voire comme le modèle d'une société nouvelle à venir.

3°) Les militants du MPF avaient acquis une professionnalisation (qui d'ailleurs offrira pour plusieurs d'entre eux des débouchés professionnels). Cette professionnalisation coïncida avec l'abandon du « projet intégral[5] » de refaire chrétiens les frères ouvriers. Elle avait en effet conduit à distinguer l'action sociale ou familiale de l'action politique. Les militants chrétiens du MPF entendaient désormais participer à l'action humaine dans des organisations communes à tous et non plus dans des organisations chrétiennes. Au grand dam de la CFTC de la fin des années 1940, le MPF proclama qu'un chrétien pouvait aussi se syndiquer à la CGT. Il exprimait ainsi sa volonté d'être au plus près de la classe ouvrière et des organisations qui lui semblaient mieux la représenter. La présence des militants chrétiens ne s'affichait plus désormais dans des organisations chrétiennes, mais devait se révéler dans les contacts entre les individus dans l'usine, dans le quartier ou dans l'action commune.

Pour en terminer avec cet exemple, je dirais volontiers qu'avec les militants du MPF on a affaire à une ruse de l'histoire. Alors que l'Action catholique avait été initiée pour reconquérir les chrétiens, que le MPF défendait la famille chrétienne et que l'Église ne pouvait en attendre que des bénéfices, c'est-à-dire de nouvelles vocations, elle a, par sa « politique de l'agir », infléchi ce militantisme chrétien non

5. Bruno Duriez, « Les services du MPF : la fin d'un projet intégral », *in* Bruno Duriez, Étienne Fouilloux, Alain-René Michel, Georges Mouradian, Nathalie Viet-Depaule (dir.), *Chrétiens et ouvriers en France 1937-1970*, Paris, Les Éditions de l'Atelier, 2001, p. 215-229.

seulement vers une laïcisation, mais l'a conduit aussi à prendre des distances avec l'Église institutionnelle.

Les prêtres-ouvriers, une autre ruse inattendue de l'histoire ?

Pourquoi les prêtres-ouvriers adhérèrent-ils à la CGT ? La situation, en ce qui concerne ces hommes, peut paraître *a priori* paradoxale. En effet, les principes qui présidaient depuis la Première Guerre mondiale à la CGT et ceux que prônait l'Église catholique ne pouvaient que s'opposer. D'un côté, on bannissait la religion, de l'autre l'athéisme. Anticléricalisme et anticommunisme étaient de mise.

J'évoquerai en quelques mots les prêtres-ouvriers, notamment les premiers (1944-1954) qui furent à l'origine, dans l'immédiat après-guerre, d'un nouveau type de sacerdoce[6]. Les prêtres-ouvriers étaient des hommes qui avaient fait le constat de la récession religieuse, de la déchristianisation, pour reprendre les termes de l'Église. Diocésains ou religieux, déchargés de toute fonction paroissiale, ces prêtres furent envoyés en terre ouvrière pour y planter l'Église comme des missionnaires envoyés dans des continents lointains. Issus de la matrice de l'Action catholique spécialisée, ayant été quelque temps aumôniers de JOC/JOCF, ces prêtres marqués par la guerre, la captivité et la réquisition avaient trouvé dans *La France pays de mission ?*, le livre des aumôniers Henri Godin et Yvan Daniel, la confirmation de leurs aspirations pour se soustraire aux pesanteurs du monde ecclésial. Ils étaient convaincus qu'il fallait sortir des cadres religieux traditionnels et des mouvements officiels. Si les ouvriers ne fréquentaient plus les paroisses, c'était aux prêtres d'aller vers eux dans une perspective missionnaire.

Dans ce contexte, il n'est pas très étonnant que les prêtres-ouvriers qui, au départ, étaient de simples manœuvres (ils ne possédaient, pour la plupart d'entre eux,

---

6. *Cf.* Charles Suaud, Nathalie Viet-Depaule, *Prêtres et ouvriers. Une double fidélité mise à l'épreuve 1944-1969*, Paris, Karthala, 2004.

aucune qualification ouvrière), se soient rapidement syndiqués. Ils n'hésitèrent pas longtemps à accepter une carte syndicale comme à choisir le cadre de leur affiliation. Pourquoi ? L'adhésion syndicale était pour eux le moyen concret de rejoindre les ouvriers, d'être « l'un d'entre eux ». Ils firent immédiatement le choix de la CGT parce que c'était le syndicat où les ouvriers étaient majoritairement syndiqués. Ils ne rallièrent pas les rangs de la CFTC à cause de sa modération et de son faible ancrage ouvrier, mais surtout à cause de son hypothèque confessionnelle qui pesait lourd et était contraire à leur volonté de rejoindre les « païens ». C'est donc délibérément qu'ils optèrent pour la CGT, préférant y « porter témoignage ».

Ce n'est qu'à partir du début des années 1950 que l'engagement des prêtres-ouvriers à la CGT fut manifeste : de simples adhérents, ils devinrent des responsables syndicaux, élus délégués du personnel. Henri Barreau fut le premier à accéder à un poste de permanent lors du congrès de février 1951 au secrétariat de l'Union syndicale des travailleurs de la métallurgie de la Seine. D'autres le furent un temps pour remplacer un camarade appelé à d'autres fonctions, pallier une absence, ou simplement parce qu'ils avaient été licenciés pour avoir organisé débrayages et grèves, jamais pour faire carrière. Cependant, leur présence dans les usines ou sur les chantiers ne fut pas sans poser problème du côté patronal comme du côté syndical. Le fait d'être prêtres leur valut d'être considérés comme suspects. Observés, mis à l'épreuve, ils durent faire face aux sollicitations patronales qui cherchèrent d'abord leur collaboration au bon fonctionnement du travail, puis, devant leur refus, utilisèrent leur activité syndicale pour les licencier. Ils furent aussi l'objet de nombreuses dénonciations à la hiérarchie catholique, notamment de la part de patrons chrétiens qui en avaient fait des « curés rouges ». Du côté syndical, l'accueil fut souvent farouche sur le lieu du travail. Mais une fois passé l'étonnement de voir des prêtres travailler comme n'importe quel ouvrier, une fois la période probatoire achevée, des relations de respect, de confiance, d'estime et d'amitié se forgèrent bientôt entre les militants CGT et les prêtres-ouvriers.

Cependant, ces engagements temporels irritaient la majorité des catholiques. Prétextes à de nombreux articles de presse, ces prêtres d'un type nouveau furent victimes d'une importante médiatisation. Ces enfants terribles de l'Église durent s'affronter avec la hiérarchie catholique. Ce n'était pas tant leur apostolat qu'elle leur reprochait que leur engagement dans le mouvement ouvrier. Les grèves de l'été 1953 créèrent de nouvelles tensions. Elles avaient poussé les prêtres-ouvriers à choisir leur camp lorsque la CFTC avait appelé à la reprise du travail. C'est ainsi qu'à Limoges, cinq prêtres-ouvriers avait signé « une mise au point » qui critiquait l'action locale de la CFTC : « Nous considérons comme l'immense majorité des travailleurs limousins, que les responsables de la CFTC, en donnant l'ordre de reprise du travail, ont trahi les intérêts immédiats de la classe ouvrière. [...] Nous jugeons inadmissible, du point de vue de la foi, qu'une centrale ouvrière qui a obéi inévitablement à des intérêts politiques particuliers et qui détermine son action sur une conception « à elle » de la lutte de classes se présente devant la masse des travailleurs comme l'expression du christianisme et enferme la foi dans une centrale syndicale[7]. » À Paris, l'ensemble des prêtres-ouvriers de la région parisienne s'était solidarisé avec une déclaration, signée par 71 travailleurs chrétiens dont 43 membres de la CGT, 15 de la CFTC et 13 divers, qui s'insurgeait contre la position adoptée par la CFTC pendant le mois d'août, portant atteinte à l'unité syndicale[8].

Le couperet tomba le 1er mars 1954 : les prêtres-ouvriers ne pouvaient plus travailler que trois heures par jour et devaient abandonner toute activité syndicale. La suppression des prêtres-ouvriers que plus d'un avaient annoncé devenait

7. *La Quinzaine*, 15 septembre 1953.
8. *Le Monde*, 14 septembre 1953.

une réalité. Le drame était indicible, le choix impossible à faire : fidélité à l'Église ou fidélité à la classe ouvrière ? Les prêtres-ouvriers touchés par les mesures romaines se divisèrent, choisissant ou d'obtempérer au diktat ou de refuser de s'y soustraire. Les « soumis » quittèrent l'usine pendant quelque temps puis, pour certains, recommencèrent avec l'accord de leur évêque à travailler, sans aucun engagement dans le mouvement ouvrier ; les « insoumis » restèrent à l'usine et réitérèrent leur engagement à la CGT.

Mais l'exemple des prêtres-ouvriers, qui apparaissaient comme « la forme la plus neuve[9] » du progressisme chrétien, ne fait sens dans le champ religieux que si on le resitue dans l'ensemble du mouvement missionnaire qui s'était mis en place après la Seconde Guerre mondiale. Initié dès l'entre-deux-guerres, porté surtout par des dominicains, que ce soit Économie et Humanisme[10] ou Jeunesse de l'Église[11], les publications comme *Sept* ou *Temps présent*, ce mouvement était composé dans les années 1945-1955 de chrétiens progressistes, hommes et femmes, marqués par la guerre et les situations que celle-ci avait engendrées. Ils refusaient d'oublier des solidarités nouées avec des communistes dans la Résistance, voulaient construire une autre société et se reconnaissaient volontiers comme des « compagnons » du Parti communiste et de la CGT. Ils rejetaient avec virulence le système capitaliste qu'ils associaient à l'exploitation de la classe ouvrière. Ils faisaient partie de ces catholiques (dont l'action fut à plusieurs reprises réprimée par l'Église[12]) qui, préoccupés de faire face efficacement à leurs responsabilités sur

9. Yvon Tranvouez, *Catholiques et communistes. La crise du progressisme chrétien 1950-1955*, Paris, Le Cerf, 2000, p. 130.

10. *Cf.* Denis Pelletier, *Économie et Humanisme. De l'utopie communautaire au combat pour le tiers-monde (1941-1966)*, Paris, Le Cerf, 1996.

11. *Cf.* Thierry Keck, *Jeunesse de l'Église 1936-1955. Aux sources de la crise progressiste en France*, Paris, Karthala, 2004.

12. *Cf.* « Petite chronologie de la répression », in *Prêtres et ouvriers, op. cit.*, p. 433.

le plan de l'action syndicale, soutenaient que leur conscience suffisait à leur faire connaître les exigences de la morale chrétienne et que l'Église n'était pas capable de leur fixer une ligne de conduite.

Que ce soit les prêtres-ouvriers ou plus largement les ouvriers chrétiens progressistes, ils découvrirent par leur militantisme l'existence de la classe ouvrière chargée d'histoire, organisée et porteuse d'un avenir inscrit en dehors de l'Église. Ils adhérèrent à la CGT parce qu'ils avaient mesuré l'efficacité des luttes collectives qui concouraient à promouvoir la classe ouvrière. Ils privilégièrent la nécessité de l'action militante qui les conduisit à adopter le principe de la lutte des classes contre la préconisation de l'Église qui le condamnait. En devenant des militants cégétistes ils durent prendre parti pour appartenir à un peuple en lutte et éprouver le sentiment de participer à l'évolution du monde et d'être acteurs d'une histoire en train de se faire. C'est ainsi que ces chrétiens progressistes firent leurs les valeurs du monde ouvrier au nom de la proximité avec la classe ouvrière et refusèrent le rôle de médiateur de l'Église dans l'ordre des actes humains.

En guise de brève conclusion, je dirai que l'adhésion à la CGT des militants du MPF, des prêtres-ouvriers ou plus largement des chrétiens progressistes des années 1950, s'est faite au prix d'une double volonté : celle d'agir au nom de leurs convictions religieuses et celle de vouloir la libération de la classe ouvrière, voire celle de transformer la société. C'est pourquoi ces femmes et ces hommes, animés par un sentiment impérieux d'agir devant les bouleversements sociaux, quittèrent les structures de « Chrétienté » qui les séparaient des ouvriers pour participer aux enjeux de la modernité. Ils le firent contre l'avis de l'Église, qui voyait dans leur affiliation les risques de marxisation de dépérissement de la foi, pariant qu'il fallait redéfinir les rapports entre religion et politique.

Des chrétiens français dans la décolonisation

Par Sabine Rousseau, professeur d'histoire-géographie, docteur, associée au Laboratoire de recherches historiques de l'université Lumière-Lyon II

L'historiographie récente a montré que les relations entre le pouvoir colonial et l'Église catholique étaient plus complexes qu'on a pu le dire. S'il y a eu effectivement une convergence d'intérêts bien comprise de part et d'autre au moment de la conquête militaire, la délimitation des compétences sur le terrain colonial a parfois posé des conflits d'intérêts entre missionnaires et administration coloniale[1]. Les historiens parlent de « solidarité de fait » entre Église et pouvoir politique[2], d'intérêts mutuels plutôt que d'une « collusion du sabre et du goupillon » qui auraient été les deux bras au service du même dessein : la domination politique. Ce qui ressort des études, ce sont la complexité et la variété des situations locales et donc l'idée que l'Église catholique n'est pas monolithique : elle se doit d'être appréhendée à plusieurs échelles, en identifiant les acteurs à différents niveaux de la hiérarchie et, en ce qui concerne les laïcs, à travers les multiples réseaux de sociabilité (paroisses, revues, mouvements...).

L'attitude de l'Église catholique face à la décolonisation mérite également l'attention. Cl. Prudhomme a montré qu'une critique missionnaire de la colonisation s'est affirmée après la Seconde Guerre mondiale et a été officiellement énoncée dans la déclaration de Pie XII à Noël 1955 dans

---

1. *Cf.* Patrice Morlat (dir.), *La Question religieuse dans l'Empire colonial français*, Les Indes savantes, 2003.
2. *Cf.* Claude Prudhomme, *Missions chrétiennes et colonisation XVIe-XXe siècle*, Cerf, 2004.

laquelle il reconnaissait comme légitime l'aspiration à l'émancipation des peuples colonisés. Il fait remonter les fondements de cette critique « par le haut » de la colonisation aux déclarations de Benoît XV au sortir de la Première Guerre mondiale (lettre apostolique *Maximum Illud*, 1919) puis de Pie XI (encyclique *Rerum ecclesiae*, 1926) concernant la nécessité de promouvoir un clergé indigène dans l'hypothèse d'une remise en question du pouvoir politique colonial, de manière à garantir la pérennité de l'œuvre missionnaire et de l'évangélisation. La reconnaissance dès les années 1920 du caractère transitoire de la colonisation et, à partir de 1955, du caractère inéluctable des indépendances correspond, selon Cl. Prudhomme, à un changement de stratégie pour sauver l'essentiel : l'héritage missionnaire que le pouvoir métropolitain n'est plus à même de protéger, de garantir. Pour la papauté, c'est la fin d'une époque où colonisation rimait avec mission. Ce qui ne fut pas sans provoquer des résistances de la part des clergés missionnaires peu enclins à reconnaître l'autonomie des clergés autochtones et à admettre la remise en cause de l'ordre colonial protecteur.

Néanmoins, ces positions ecclésiologiques de la papauté ne furent pas suivies de positions politiques dans les guerres de décolonisation. Pendant toute la guerre d'Indochine, jusqu'à la bataille de Diên Biên Phu (mai 1954) et aux accords de Genève (juillet 1954) inclus, ni le Vatican ni l'épiscopat français ne se sont prononcés sur le conflit, malgré les prises de position des évêques vietnamiens en faveur de l'indépendance proclamée à Hanoi par Hô Chi Minh en septembre 1945[3]. La déclaration de Pie XII à Noël 1955 intervient plus d'un an après la fin de la guerre et dans des termes très généraux. Seul un évêque français, Mgr Chappoulie, s'exprimant en son nom personnel à la Semaine sociale de Lyon en juillet

3. Tran Thi Lien, *Les Catholiques vietnamiens pendant la guerre d'indépendance (1945-1954) entre la reconquête coloniale et la résistance communiste*, thèse d'histoire sous la dir. de R. Girardet, IEP de Paris, 1996.

1948, s'était prononcé pour l'émancipation politique des peuples colonisés[4].

Cependant, si on change d'échelle, on découvre que des réseaux chrétiens en métropole se sont engagés en faveur de la paix en Indochine et ont entamé une réflexion sur la décolonisation qui ne fut sans doute pas sans effet sur les positions vaticanes ultérieures.

Il y eut en effet des minorités chrétiennes actives qui se sont ralliées par étapes successives à l'idée de paix en Indochine et donc à l'idée d'une décolonisation nécessaire. On peut identifier quatre types d'engagements contre la guerre d'Indochine, intervenant à des moments différents et émanant de réseaux de sociabilité différents[5].

En 1947, les premiers textes contre la guerre émanant de groupes chrétiens sont publiés dans la revue personnaliste fondée par E. Mounier : *Esprit*. Bertrand d'Astorg et J.-M. Domenach y dénonçaient, dès le début de la guerre, la politique militaire de la France en Indochine et estimaient que la France n'avait pas su régler autrement que par la force le problème de ses « rapports avec un gouvernement authentique d'un peuple parvenu à sa conscience collective de nation[6] ». C'est le premier texte émanant de personnalités chrétiennes en faveur de l'émancipation politique des pays colonisés mais ce n'est pas le premier texte d'*Esprit* contre les abus et même les fondements du système colonial puisqu'en 1935 la revue avait publié les écrits d'Andrée Viollis, « SOS Indochine », dénonçant la répression en Indochine.

Le texte de 1947 traduit une position anticolonialiste déjà bien établie et l'année suivante, les rédacteurs d'*Esprit* signent un manifeste d'intellectuels paru dans *Combat* en novembre 1948, en faveur de l'émancipation du peuple vietnamien au nom des droits de l'homme.

4. *Documentation catholique*, octobre 1948, col. 1492-1493.

5. *Cf.* Sabine Rousseau, *La Colombe et le Napalm, des chrétiens français contre les guerres d'Indochine et du Vietnam (1945-1975)*, CNRS Éditions, 2002.

6. Bertrand d'Astorg, « Pour un Lyautey socialiste », *Esprit*, février 1947.

Cependant la portée des prises de position d'*Esprit* a été occultée par un autre texte, paru dans *Témoignage chrétien (TC)* deux ans plus tard, en juillet 1949, et resté dans les mémoires comme l'acte de naissance d'un engagement chrétien contre la guerre d'Indochine : il s'agit de la dénonciation par Jacques Chégaray (envoyé spécial de *L'Aube,* journal du MRP qui a refusé de publier son témoignage), auquel l'orientaliste Paul Mus a apporté sa caution, de la pratique courante de la torture par l'armée française en Indochine[7].

Pourtant les positions de *TC* sont moins radicales que celles d'*Esprit* : elles sont davantage « décolonialistes » qu'anticolonialistes. Pour *TC* la décolonisation doit être une politique raisonnée et volontaire à l'initiative de la métropole qui n'a rien à renier de son œuvre coloniale tandis que pour *Esprit*, le bilan de la colonisation ne peut être positif puisque son principe même repose sur l'exploitation économique et l'inégalité sociale et politique, légitimement contestées par les mouvements de libération nationale. Pour *TC*, l'insurrection des Vietnamiens est fille de l'incompréhension alors que pour *Esprit*, elle est fille de l'humiliation.

Cependant, malgré leurs différences de radicalité, les deux textes, celui d'*Esprit* comme celui de *TC*, sont écrits au nom de la conscience individuelle et collective et veulent interpeller la conscience de chacun. Ces deux textes apportent tous deux un témoignage qui s'adresse à la conscience des lecteurs ; ils prônent un retour à la paix par la sagesse, grâce à la prise de conscience de chacun de cet impératif spirituel. Ce sont des appels isolés et précoces, qui ont vocation d'être « des cris dans le désert », au nom d'une conviction intime. Cette première forme d'engagement est un « engagement de conscience » : il est pris sous la forme d'une intervention de type spirituel en accord avec des convictions personnelles et s'adresse à la conscience de chacun.

Le deuxième type d'engagement pris contre la guerre d'Indochine dans les rangs chrétiens est très différent. Il

7. *Témoignage chrétien*, 29 juillet 1949, p. 1.

s'agit d'un « engagement de solidarité ». Il émane de groupes communément appelés « chrétiens progressistes » : ceux qui ont choisi d'être compagnons de route du parti communiste, en particulier dans la lutte pour la paix, le plus souvent par l'intermédiaire d'un engagement commun au Mouvement de la paix[8]. Ces « chrétiens solidaires » – appellation adoptée de préférence à celle de « chrétiens progressistes », connotée négativement – s'expriment dans des revues comme *La Quinzaine* de Jacques Chatagner ou dans *Monde ouvrier* (journal du Mouvement de libération du peuple). On trouve trace d'un engagement contre la guerre d'Indochine à partir du début de l'année 1950 : le 19 février, à Issy-les-Moulineaux, 150 militants chrétiens sont réunis à l'initiative des chrétiens proches du Mouvement de la paix pour une journée de débats consacrée à la guerre d'Indochine, qui débouche sur une déclaration commune en faveur de l'arrêt des combats. Les positions de *La Quinzaine* et de *Monde ouvrier* sont nettement anticolonialistes. Ces militants veulent témoigner leur sympathie et leur solidarité d'une part avec le peuple vietnamien en lutte pour sa libération et d'autre part avec les militants syndicalistes et communistes engagés en France dans la lutte pour la paix en Indochine. Lors de l'affaire Henri Martin, plusieurs personnalités chrétiennes expriment leur solidarité avec le marin emprisonné pour avoir milité pour la paix en Indochine[9]. Du point de vue chronologique, ce type d'engagement chrétien adopte donc le rythme de l'engagement communiste : son apogée se situe entre 1950 et 1953.

Le troisième type d'engagement réunit des militants catholiques et protestants : les catholiques de la Jeune République, un petit parti non confessionnel mais d'inspiration démocrate-chrétienne (créé en 1912 par Marc Sangnier)

8. *Cf.* Yvon Tranvouez, *Catholiques et communistes, la crise du progressisme chrétien 1950-1954*, Cerf, 2000.
9. *Cf.* Alain Ruscio (dir.), *L'Affaire Henri Martin et la lutte contre la guerre d'Indochine*, Le Temps des Cerises, 2005.

dont l'objectif est de concilier les principes de la République et les valeurs chrétiennes, et les protestants du Christianisme social, un mouvement né à la fin du XIXe siècle pour sensibiliser les protestants aux problèmes sociaux. Ces militants, en particulier le pasteur Maurice Voge, participent activement à la création d'un Comité d'étude et d'action pour le règlement pacifique de la guerre d'Indochine en décembre 1952 aux côtés de différentes personnalités de gauche, des communistes aux mendésistes. Ce comité d'experts de l'outre-mer et de la question coloniale veut proposer des solutions concrètes, techniques ou politiques, aux gouvernants pour faire aboutir les négociations. Il se constitue et organise plusieurs conférences au moment où celles-ci semblent enfin possibles et susceptibles d'aboutir. Ce type d'engagement repose sur l'idée d'un investissement citoyen et responsable : il envisage avant tout les conséquences des décisions et des actes. C'est un « engagement de responsabilité » qui vise à sortir de la guerre de décolonisation par un accord négocié avec Hô Chi Minh reconnu comme l'interlocuteur principal, véritable représentant des Vietnamiens.

Enfin, le dernier type d'engagement est pris à la toute fin de la guerre, au moment de la bataille de Diên Biên Phu, par des intellectuels catholiques lyonnais appartenant à la mouvance du catholicisme social (Chronique sociale de France) ou au mouvement Pax Christi, proches de la hiérarchie. Ils font paraître un appel dans *La Croix* en juin 1954 pour demander la fin des combats au nom des principes mêmes défendus par l'Église catholique[10]. Ne disposant pas de « théologie de la colonisation » capable de nourrir leur réflexion, ils se fondent sur la « théologie de la guerre » pour prouver que les conditions d'une guerre juste ne sont plus réunies : le but de la guerre n'est plus légitime ; les moyens utilisés provoquent des maux plus grands que ceux auxquels la guerre prétend remédier. Ce texte s'adresse essentiellement à l'Église elle-même, Église enseignante comme

10. Texte paru dans Le *Monde*, 3 juin 1954.

Église enseignée : il engage la hiérarchie à rompre le silence que plusieurs voix autorisées, comme celle de François Mauriac, se sont décidé à briser tardivement[11]. Cet engagement est un « engagement d'obédience » dans la mesure où il vise à mettre en accord l'institution avec ses propres principes. Cet engagement en faveur de la fin de la guerre en Indochine émanant de personnalités prestigieuses comme Henri Bédarida, président du Centre catholique des intellectuels français, est sans doute celui qui a retenu le plus l'attention de la hiérarchie : en effet, il ne vient plus seulement des marges des Églises, de groupes minoritaires, mais du cœur de l'institution, de fidèles influents auprès des autorités ecclésiales. Ces hommes n'appartiennent pas aux réseaux qui ont l'habitude de recevoir des « coups de crosse » – blâmes, avertissements, interdictions – nombreux à l'encontre des chrétiens progressistes en ces temps de crise, au cœur de l'affaire des prêtres-ouvriers. La pression exercée par des notables catholiques en faveur de prises de position officielles pour la paix en Indochine est à la fois signe et facteur de déblocage de l'Église catholique sur la question de la décolonisation : elle contribue à tracer le chemin vers une reconnaissance de la nécessaire distinction à opérer entre œuvre missionnaire et colonisation, publiquement effectuée quelques mois plus tard par Pie XII, à Noël 1955.

Les engagements les plus tardifs (1954) et les plus en conformité avec les enseignements de l'Église catholique, qui ont été le fait des intellectuels organiques les plus proches de la hiérarchie, semblent avoir été les plus capables de faire évoluer l'Institution de l'intérieur. Mais ils sont peut-être aussi l'aboutissement des cycles d'engagements qui les ont précédés depuis les engagements les plus précoces (*Esprit*, *TC*, 1947-1949) pris en francs-tireurs par les intellectuels chrétiens qui avaient acquis une autonomie de pensée et d'action pendant la période de l'Occupation, en entrant

11. François Mauriac, « La paix en Indochine, un vœu ? Non ! une exigence », *Témoignage chrétien*, 8 janvier 1954.

en Résistance au nom du *dictamen* de la conscience. Envisager le thème des chrétiens français dans la décolonisation « par le bas » permet d'approcher la question du rôle des marges, des réseaux périphériques, des minorités, dans le changement politique, en l'occurrence ici dans l'adaptation de l'Église catholique à la fin du cycle de la colonisation.

L'Amérique contemporaine, une théocratie ?

Par Romain Huret, maître de conférences à l'université Lyon 2, membre du Centre d'études nord-américaines (EHESS-UMR 8168)

« L'Amérique est-elle devenue une théocratie ? », s'interroge dans un ouvrage publié en 2006 Kevin Philipps[1]. La question est surprenante dans la bouche de ce républicain de longue date, homme-clé du ralliement des États du Sud au parti à la fin des années 1960[2]. Ses doutes face au triomphe de la droite religieuse démontrent à quel point l'Amérique traverse une phase de reconfiguration des rapports entre le religieux et le politique. Depuis la création de la République américaine, la religion occupe une place centrale non seulement dans la sphère privée des citoyens mais également dans la vie publique. Comme l'a démontré Élise Marienstras, les Américains ont réussi à réconcilier l'idée républicaine avec les croyances religieuses, à l'inverse du républicanisme français qui a exclu le religieux dans des circonstances extrêmement violentes[3]. Le mythe du « peuple élu », expression à considérer dans son acception religieuse, fait partie des mythes nationaux de la République américaine. Dès les premières colonies, les puritains d'Amérique disent refaire l'histoire, guidés par la main divine. Lors de son célèbre discours d'adieu, George Washington évoque la dimension religieuse de l'expérience américaine : « Les interventions singulières de la Providence, étant donné la faiblesse de notre situation, furent telles qu'elles

1. Kevin Philipps, *American Theocracy, The Peril and Politics of Radical Religion, Oil, and Borrowed Money in the 21st Century*, Londres, Viking, 2006.
2. *Cf.* son ouvrage particulièrement prophétique *The Emerging Republican Majority,* New York, 1969.
3. Élise Marienstras, *Les Mythes fondateurs de la nation américaine*, François Maspero, La Découverte, 1976.

peuvent difficilement échapper à l'attention des moins observateurs ». La Providence est ainsi présentée comme l'agent suprême de l'unité des États et de l'intégration de la nation. La religion civique répète sans cesse le même *credo* : les Américains sont un peuple élu, porteurs d'une expérience exceptionnelle.

Si cette présence de la religion au cœur de l'espace civique est donc ancienne, la possibilité d'une refondation de cet équilibre entre l'idéologie républicaine et le christianisme mérite d'être posée. Fortement influencée par les résultats électoraux, et l'emprise croissante de la droite religieuse sur le parti républicain, cette thèse a été diversement interprétée par les historiens, les sociologues et les politologues : épisode éphémère ? profonde reconfiguration de l'ordre politique républicain ? L'absence de recul historien rend difficile une réponse tranchée. Pourtant, le constat est indéniable : la religion est devenue l'aiguillon politique du combat pour les valeurs morales, à l'origine du tournant conservateur que les États-Unis connaissent depuis une vingtaine d'années. Dans un ouvrage récent, qui a connu un succès important aux États-Unis, *What's the Matter with Kansas*[4], le journaliste Tom Frank décrit avec précision les conditions de l'émergence de ce basculement conservateur. C'est à partir de l'été 1991 – surnommé l'« été de la Rédemption » – que des militants bien organisés réclament une nouvelle place pour la religion afin d'empêcher ce qu'ils considèrent comme le délitement moral de la nation. Dès lors, dans l'État du Kansas, le mouvement contre l'avortement se développe et permet de modifier de l'intérieur les clivages politiques. Il serait réducteur de voir dans cette mobilisation un combat d'arrière-garde d'exclus de la modernité économique, la fameuse thèse des « petits blancs », popularisée dans les années 1930. En Californie, comme l'a parfaitement démontré l'historienne Lisa McGirr[5], ce ne sont pas des « petits blancs » pauvres et incultes

4. Tom Frank, *What's the Matter with Kansas, How Conservatives won the Heart of America*, 2004.

5. Lisa McGirr, *Suburban Warriors : The Origins of the New American Right*, Princeton University Press, 2001.

mais des universitaires, des ingénieurs et des informaticiens qui ont promu ce combat pour les valeurs morales et religieuses dans les années 1970. Le militantisme de ces cols blancs a permis une mobilisation par en bas *(grassroots)* qui a fini par altérer le cours de la vie politique nationale.

Dans un esprit de pédagogie et de clarification, cet article présente tout d'abord la nature de la religion civique aux États-Unis, avant d'analyser les conditions exactes de ce renouveau du religieux pour en mesurer les potentialités refondatrices.

La religion civique aux États-Unis : un état des lieux

La Bible est sans doute l'un des objets les plus communs aux États-Unis. Pour l'observateur étranger, notamment européen, c'est une expérience toujours étonnante que de trouver une Bible dans le tiroir de son motel, dans les aéroports et les restaurants. Depuis 1945, cette « icône de l'Amérique », selon la pertinente formule de l'historien Mark Noll, a été imprimée à des millions d'exemplaires[6]. La familiarité de l'objet rappelle à quel point la religion déborde la sphère privée pour envahir l'espace civique.

Indéniablement, la religion civique est un élément constitutif de la nation américaine. Il suffit de se promener dans le pays pour en saisir toute la prégnance : visuellement, le religieux est omniprésent aussi bien sur les autoroutes que dans les centres commerciaux *(malls)* du pays. Le dynamisme religieux des États-Unis se traduit par quelques chiffres : 40 % d'Américains sont pratiquants (moins de 10 % en France) ; on dénombre entre 200 et 1 000 dénominations religieuses. Le comptage est difficile à obtenir car la religion protestante est décentralisée et donc répartie en plusieurs centaines de dénominations, en fonction de critères souvent moins religieux qu'ethniques, comme dans le cas des Black Churches. Même s'ils sont minoritaires dans le pays, les catholiques sont donc la principale Église américaine en raison évidemment de la centralisation de cette Église. En 2000, on compte environ 62 millions de membres. Avec 16 mil-

6. *Cf.* Mark Noll, *One Nation Under God ? Christian Faith and Political Action in America,* San Francisco, Harper & Row, 1988.

lions de membres, la Southern Baptist Convention arrive en deuxième position[7]. Ce dynamisme quantitatif s'explique principalement par la capacité des Églises aux États-Unis à avoir réussi à faire corps avec la modernité économique.

En effet, la religion a accompagné l'essor de la consommation de masse. Aux États-Unis, il existe un marché religieux particulièrement florissant : télévisions évangélistes, musique chrétienne, églises gigantesques *(megachurches)*. À l'opposé des églises vieillissantes en Europe, les Églises américaines ont su parfaitement épouser la nouvelle donne économique et sociale. Dans les années 1970-1980, alors qu'on assiste à l'essor de véritables empires de télécommunications, les télévangélistes comprennent rapidement tout le potentiel de ces nouvelles armes de diffusion. Jimmy Swaggart est particulièrement représentatif de cette commercialisation de la religion. Basé à Baton Rouge en Louisiane, il anime entre 1973 et 1988 un programme intitulé « Camp Meeting Hour ». Jerry Falwell à Lynchurg en Virginie, Billy Graham à Charlotte en Caroline du Nord ont également créé des programmes extrêmement populaires. À la fin des années 1980, le nombre de stations radios religieuses s'élève à environ 1 400 et le nombre de chaînes de télévision religieuses à 259. La musique religieuse est une industrie extrêmement dynamique : dans les années 1990, son chiffre d'affaires s'élevait à plus de 600 millions de dollars par an. L'offre religieuse est particulièrement segmentée, pour utiliser une formule d'économiste, à tel point que la religion se consomme sous des formes très variées. Il est fréquent et parfaitement admis de changer plusieurs fois de confessions religieuses au cours d'une existence. Cette commercialisation de la religion explique le dynamisme religieux aux États-Unis, comme l'ont démontré Roger Finke et Rodney Starke[8].

7. Pour ces chiffres, *cf.* Sébastien Fath, *Dieu bénisse l'Amérique. La religion de la Maison Blanche*, Paris, Seuil, 2004, p. 37-38.
8. Roger Finke, Rodney Starke, *The Churching of America 1776-1990, Winners and Losers in Our Religious Economy*, New Brunswick, Rutgers University Press, 1997.

Cette prégnance du religieux se retrouve naturellement dans le champ politique. Les hommes politiques font systématiquement référence à Dieu dans leurs discours. En 1953, le président Eisenhower instaure le « petit déjeuner de prière » *(National Prayer Breakfast)*. Dans les moments de crise, les pasteurs sont omniprésents à la Maison Blanche. Pendant l'affaire Monica Lewinsky, Bill Clinton a recours aux bons offices de Jesse Jackson pour l'aider à surmonter la tempête conjugale. Cette pratique n'est pas l'apanage d'un parti politique : républicains et démocrates agissent de même. La vie politique américaine est profondément enveloppée de religiosité. La référence religieuse sert parfaitement le discours politique car elle est porteuse d'optimisme. Véritable arme de mobilisation, elle soude la nation en rappelant ses liens exceptionnels avec Dieu. Toutefois, il est admis largement que la religion ne se confond pas avec l'État : la séparation de l'Église et de l'État est un dogme politique majoritairement admis. Dans l'esprit de nombre d'Américains, la religion civique est par essence contraire à l'idée même de théocratie : en acceptant toutes les religions, il est impossible à une seule religion de se confondre avec l'État.

Cependant, en raison de cette exceptionnelle prégnance du religieux dans la sphère publique, le pays fournit un terreau très favorable à l'éclosion d'une nouvelle redéfinition des rapports entre le religieux et le politique à la fin du XXe siècle alors que dans le monde entier les tensions religieuses augmentent.

Renaissance religieuse, redéfinition de la sphère religieuse

En effet, on assiste à une nouvelle définition du concept de religion civique, incontestablement liée au vaste mouvement de renaissance religieuse qui a débuté dans les années postérieures à la Seconde Guerre mondiale.

Cette renaissance a d'abord été limitée d'un point de vue géographique. C'est principalement dans la « ceinture de la Bible » *(Bible Belt)*, terme forgé par l'écrivain H. L. Mencken dans les années 1920 pour désigner le fondamentalisme religieux des États du sud des États-Unis. La renaissance a accompagné la modernisation politique mise en œuvre par les libéraux américains depuis le New Deal de Franklin Delano Roosevelt[9]. Les Southern Baptists ont été particulièrement dynamiques. Dans les États du Sud, leur nombre a triplé depuis la fin de la Seconde Guerre mondiale : de 5 millions de membres en 1946, ils sont passés à plus de 16 millions en 2004. Ces Églises sont riches et offrent aux paroissiens une large palette d'activités culturelles, sportives, récréatives et médicales. L'Église est un lieu important de sociabilité : on y dépose ses enfants, on y déjeune en groupe, on y chante, etc. Elle est également un lieu d'écoute : le « témoignage personnel » fait partie des passages obligés de l'intégration du nouveau membre. Les finances de l'Église sont gérées collectivement[10]. Il s'agit dans la plupart des cas d'une structure démocratique, qui convient aux revendications locales des sudistes. Ces Southern Baptists sont extrêmement influents non seulement dans leur communauté mais dans le reste du pays. Pendant le mouvement pour les droits civiques, les baptistes jouèrent un rôle important. En 1976, le président démocrate, Jimmy Carter, était l'un des leurs ; Bill Clinton et Al Gore également.

Cette vitalité est également forte au sein des évangélistes américains. Pour cette dénomination, la religion ne va pas de soi, elle nécessite un effort, une renaissance à la religion. Ce sont les chrétiens qui renaissent *(Born again Christians)*. Ce message a été extrêmement porteur et a séduit une masse croissante d'Américains, notamment au sein de la classe moyenne. Dans ce schéma, l'appartenance confessionnelle est très secondaire. Le plus important est d'être *Born again*. La conversion devient donc l'élément central, loin des débats théologiques. Dans cet apprentissage, la Bible joue un rôle déterminant. Au sein des évangélistes américains, on trouve une aile fondamen-

9. *Cf.* Bruce Schulman, *From Cotton Belt to Sunbelt : Federal Policy, Economic Development, and the Transformation of the South, 1938-1980*, New York, Oxford University Press, 1991.

10. *Cf.* Sébastien Fath, *Évangéliques et fondamentalistes dans le Sud des États-Unis*, Paris, Seuil, 2004.

taliste qui cherche précisément à redéfinir les liens entre le religieux et le politique. Ces fondamentalistes estiment que les protestants évangéliques se sont compromis avec les libéraux dans les années 1950 et 1960. Il est temps de rompre avec la permissivité des libéraux et de refonder l'Amérique. Ce séparatisme politique a un fondement doctrinaire. Les fondamentalistes usent souvent d'un verset de la Bible (II, Corinthiens, 6,17) : « Sortez donc d'entre ces gens-là, et mettez-vous à l'écart, dit le Seigneur ; ne touchez à rien d'impur. Et moi, je vous accueillerai. » Dans le cas des fondamentalistes, l'inhérence de la Bible est affirmée de manière récurrente. Ce principe sert à dénoncer l'invalidité des sciences humaines et la primauté des arguments éthiques, comme l'ont montré les débats récents autour de la question évolutionniste. Tous les débats politiques sont dès lors passés au crible de la Bible.

Il convient bien de souligner à quel point cette conception de la religion est différente de la religion civique traditionnelle. Les fondamentalistes font tout d'abord preuve d'un pessimisme profond par rapport à l'humanité et à son évolution. La sécularisation de la société américaine, et plus généralement du monde entier, a été excessive. Les années 1960 incarnent la décennie où le monde a basculé vers un relâchement généralisé des comportements moraux, oubliant les préceptes fondamentaux de la loi de Dieu. Les libéraux *(liberals)* sont leur cible favorite : les ouvrages dénonçant leur impiété, à l'image des best-sellers d'Ann Coulter[11], sont des succès éditoriaux importants. C'est une rupture fondamentale par rapport à l'optimisme originel. Ensuite, ils interprètent les écrits bibliques de façon beaucoup plus stricte. Enfin, ils sont très militants et conçoivent leur œuvre de chrétiens comme un engagement permanent pour Jésus-Christ. Comme l'a justement remarqué Jean-Paul Willaime, leur engagement « passe moins par l'inscription dans une lignée

11. Citons, d'Ann Coulter, le dernier de ses livres parus : *Godless : The Church of Liberalism*, Crown Forum, 2006.

12. Jean-Paul Willaime, « Protestantisme, évangélique et pentecôtiste », *Futuribles*, n° 260, janvier 2001, p. 76.

croyante que par l'incription dans un milieu croyant[12] ».

Cette minorité agissante a peu à peu augmenté son emprise sur le parti républicain. Au lendemain de la Seconde Guerre mondiale, le parti républicain était dominé par une aile moderniste, acquise aux idées du New Deal de Franklin Roosevelt. La démission du président Richard Nixon marque la fin de ce républicanisme moderne. La recomposition du parti s'opère à partir de cette mobilisation locale, extrêmement dynamique et attentive aux votes de ses élus. Progressivement, cette nouvelle droite religieuse a commencé à dicter au parti républicain son programme de politique intérieure. Le président George W. Bush Jr., élu en 2000 et 2004, a mis en œuvre un programme de moralisation de l'assistance sociale, déléguée de plus en plus aux Églises, et de l'éducation. Si dans le domaine de la politique étrangère d'autres éléments expliquent la guerre contre les « forces du mal », et notamment les questions économiques, il est indéniable que le président Bush a repris à son compte la rhétorique messianiste, déjà utilisée dans les premiers temps de la jeune République américaine.

Conclusion

En 1952, l'un des juges de la Cour suprême, William O. Douglas, vieille figure libérale, déclare dans un arrêt : « nous sommes un peuple religieux dont les institutions présupposent un Être suprême *(Supreme Being)* ». Prononcé en un temps où le principe de la séparation de l'Église et de l'État n'était pas remis en cause dans la pratique politique, cette référence déiste serait plus problématique aujourd'hui. Depuis une vingtaine d'années, on assiste à une reconfiguration des rapports entre le politique et le religieux, grâce aux efforts d'une minorité agissante qui bénéficie à plein de la richesse des Églises et de leur potentiel de mobilisation. En refondant cet équilibre entre république et religion, les fondamentalistes créent également un déséquilibre entre les différentes dénominations et menacent ainsi le principe de tolérance, l'un des fondements de la République américaine.

Les fondamentalistes américains et le pouvoir politique aujourd'hui : continuité ou rupture avec les traditions réformées ?

Par Geneviève et Philippe Joutard, historiens[1]

Tous ceux qui connaissent le protestantisme et les États-Unis ne sont surpris ni par l'importance du phénomène religieux dans la culture américaine, ni par le dynamisme conquérant des protestants évangéliques, ceux qui se dénomment eux-mêmes « *Born again* », autrement dit qui ont connu une deuxième naissance, la naissance à la véritable foi. Sur le premier point, il suffit de se référer à Tocqueville, toujours aussi actuel : « À mon arrivée aux États-Unis, ce fut l'aspect religieux du pays qui frappa mon regard [...] L'Amérique est encore pourtant le lieu du monde où la religion chrétienne a conservé le plus de pouvoir sur les âmes [...] La religion qui chez les Américains ne se mêle jamais directement du gouvernement de la société, doit donc être considérée comme la première de leurs institutions politiques[2]. » Les États-Unis n'ont jamais oublié les origines qu'ils ont choisi de privilégier, les puritains venus pratiquer « la vraie foi » dans le Nouveau Monde. Le contraste avec la France est très fort et explique une partie de nos incompréhensions réciproques. Pour le second, nous rappellerons que dans le protestantisme est toujours présente l'idée que l'homme étant forcément mauvais, l'institution ecclésiastique, œuvre de l'homme, est faillible et donc toujours à réformer : « *semper reformanda* ». Ainsi

1. Nous avons eu l'occasion d'étudier ce phénomène lors de notre enquête sur la francophilie américaine : cf. *De la francophilie en Amérique, ces Américains qui aiment la France*, Actes Sud, 2006.
2. Cité d'après l'édition Garnier-Flammarion, 1981, t. I, p. 401, 396 et 398. Beaucoup d'autres références sont citées p. 101-103.

périodiquement se lèvent des prédicateurs mettant en cause les Églises établies et ce dès le XVIe siècle, dans les premiers temps de la Réforme (les anabaptistes). Les États-Unis connaissent particulièrement ce phénomène avec l'apparition des « réveils ». Tous les quarante ou cinquante ans des hommes affirment que les Églises protestantes traditionnelles ont trahi le message évangélique. Il s'agit alors de revenir à Dieu par une conversion personnelle. Le fondamentalisme est ainsi né à la fin du XIXe siècle aux États-Unis, en double réaction contre les catholiques et le libéralisme théologique d'une fraction du protestantisme, trouvant la plupart des évangéliques beaucoup trop accommodants. C'est le principal responsable de la campagne contre le darwinisme des années 1920[3].

En revanche, ce qui surprend plus c'est le projet politique derrière cette tendance religieuse. En France, nous avons connu au XIXe siècle un projet politique inspiré par la tendance dominante des catholiques, contre lequel ont réagi vigoureusement, entre autres, les protestants français (voir l'article de B. et M. Cottret). Aux États-Unis, si le protestantisme imprègne l'ensemble de la société, la séparation entre les Églises et l'État est rigoureusement respectée : c'est un principe constitutionnel (premier amendement de la Constitution, définitivement voté en 1791 sous l'influence du très francophile Jefferson). S'agit-il d'une rupture radicale ou y a-t-il des continuités avec la tradition réformée ? Avant de répondre à la question, mesurons l'importance du phénomène à partir de l'expression la plus visible de ce projet politique.

Regent University et Christian Coalition

Dans les années 1960, un fondamentaliste dénommé Pat Robertson fonda une grande chaîne de télévision à vocation

3. Pour en savoir plus sur ce problème, nous renvoyons aux deux excellents livres de Sébastien Fath, clairs, nuancés et parfaitement informés, *Militants de la Bible aux États-Unis, évangéliques et fondamentalistes du Sud*, Autrement, Paris, 2004, et *Dieu bénisse l'Amérique, la religion de la Maison Blanche*, Le Seuil, 2004.

religieuse – ce qui lui a permis de s'enrichir considérablement. En 1977, il a créé la Regent University, en Virginie. « Regent » car cette université se dit au service de Dieu : Dieu est souverain, on ne peut donc être que le « régent » de Dieu. La devise qui figure sur son portail – portail réel et portail du site internet – proclame : « *Christian leadership for change the world* », « Le leadership chrétien pour changer le monde ». Le message de Pat Robertson est sans ambiguïté : « Regent University existe pour une époque où l'Amérique et le monde ont besoin d'un leadership chrétien et vous pouvez être un de ces leaders. Soyez une part de ce que Dieu est en train de faire en ces jours dramatiques. Coopérez avec Dieu et devenez un leader pour votre génération. » À l'intérieur de l'université, une Robertson School a la charge de former des leaders pour le service public national. Cette tentative de conquête des élites ressemble étrangement à ce que fut la politique des jésuites du XVIIe siècle. Il est extrêmement étonnant de voir réapparaître la même stratégie à deux siècles d'intervalle dans une autre confession chrétienne et dans un contexte différent.

Enfin, après la télévision et l'université, l'instrument politique : la Christian Coalition. La Christian Coalition a été fondée en 1989, à la suite d'une première tentative, la « Moral Majority », créée dix ans plus tôt, par un autre fondamentaliste, Jerry Falwell, qui contribua au succès de Reagan. Elle joue un rôle de lobby dans le choix des candidatures aux différentes fonctions électives, puis cherche à influencer le vote du Congrès : le site internet[4] de cette organisation présente une rubrique significative intitulée : « Le vote de nos parlementaires » : il s'agit du vote des parlementaires sur les propositions de lois, classé en fonction de l'avis donné par la Christian Coalition. C'est évidemment un moyen de pression. Ce classement révèle deux Amériques opposées. Prenons l'exemple des derniers votes des sénateurs : d'un côté, 42 sénateurs votent toutes les propositions

4. http://www.cc.org

soutenues par la Christian Coalition, de l'autre, 31 n'en votent aucune. Près des trois-quarts du Sénat votent dans un sens ou dans l'autre. Si on ajoute ceux qui n'ont qu'une « mauvaise » réponse du point de vue de la Christian Coalition, le groupe des fidèles monte à 50 sénateurs. De l'autre côté, une seule bonne réponse, les opposants se retrouvent 45. Seuls 5 sénateurs se trouvent entre les deux, avec des votes partagés, tantôt d'un côté, tantôt de l'autre. Sans surprise, Kerry est toujours dans l'opposition, comme d'ailleurs Hillary Clinton. On retrouve aussi la fameuse géographie politique de l'Amérique : les trois sénateurs républicains qui ne suivent pas la Christian Coalition se trouvent dans le Nord, en Nouvelle-Angleterre ; le démocrate qui est d'accord à 50 % avec l'organisation fondamentaliste est, au contraire, en Louisiane.

Le projet politique des fondamentalistes est clair : l'Amérique doit redevenir chrétienne et retrouver ainsi l'identité de ses origines. Il faut restaurer les valeurs morales (lutte contre l'avortement, le mariage entre homosexuels) refuser le darwinisme en enseignant le créationnisme et réagir contre le sécularisme, c'est-à-dire la laïcité. Dans cette optique, il est nécessaire de jouer un rôle politique actif sinon de prendre le pouvoir.

Continuité ou rupture avec les traditions réformées ?

Pour répondre à cette question, il convient de partir des trois grands modèles possibles des rapports entre État et religion protestante.

Premier modèle : le modèle luthérien

C'est initialement le plus répandu. Le prince remplace le pape, le roi devient chef de la religion : la religion est, de fait, subordonnée à l'État et instrumentalisée par celui-ci. C'est aussi le modèle anglican et d'une certaine façon celui de l'absolutisme de Louis XIV, mais dans un contexte catholique avec le développement du gallicanisme. Louis XIV n'a pas hésité à affronter le pape. S'il y trouve son intérêt, l'État peut accepter un certain pluralisme religieux et garantir la liberté de conscience comme cela fut le cas en France, au temps de l'édit de Nantes. Longtemps, cependant, l'unité religieuse parut le garant de l'unité du royaume et de la fidélité au prince : une foi différente de celle du roi ne pouvait pas être tolérée. La lutte contre « l'hérésie » obéissait d'abord à des raisons politiques. L'évolution de ce type de pouvoir a suivi celle des sociétés occidentales : la tolérance et le pluralisme religieux ont été progressivement instaurés.

Deuxième modèle : le modèle des dissidents

C'est celui qui nous intéresse ici. Spontanément, les dissidents ne s'intéressent pas au pouvoir. La plupart des prédicateurs affirment qu'il faut se hâter de se convertir, de « sortir de Babylone », car la fin des temps est proche. À l'arrière-plan se développe tout un climat prémillénariste, inspiré de la lecture de deux séries de textes : d'une part l'Apocalypse, toujours lue au début du XXIe siècle dans des milieux proches de la Maison Blanche, d'autre part les prophéties de Daniel qui sont en réalité l'inspiration de l'Apocalypse. C'est pourquoi dans un certain imaginaire américain, Babylone reste une référence vivante. Ainsi, lors de la destruction des Twin Towers, des fondamentalistes ont eu une explication peu éloignée de celle des islamistes : c'était la punition de Dieu, surtout pour New York, ville de toutes les turpitudes, incarnation moderne de Babylone.

Dans la mesure où la fin des temps est proche, cette tendance dissidente ne cherche pas à intervenir sur l'État ; elle est même tout à fait favorable à la séparation entre religion et État en ce sens où elle redoute son emprise sur celui-ci. C'est tout juste si elle vote (beaucoup de groupes de cette tendance ne votent pas, comme les témoins de Jéhovah). Le fondamentalisme, dans sa première version de la fin du XIXe siècle, s'est aussi opposé aux évangéliques sociaux, avec l'idée que ce n'était pas la peine d'intervenir dans le monde actuel et de chercher à influencer l'État, puisque la fin des temps était proche : il y aurait le millénium, le Christ viendrait, et à ce moment-là l'égalité serait instaurée. Voilà pourquoi on peut être très surpris de découvrir un fondamentalisme muni de tout un projet politique et avide de prendre le pouvoir.

Troisième modèle : le modèle de Calvin à Genève

Cette tendance prône un mélange des genres : la religion doit inspirer le champ civil, sans pour autant prendre directement le pouvoir : la compagnie des pasteurs est installée à côté du pouvoir civil. Le pouvoir civil doit être chrétien, et les ordonnances qui régissent l'organisation de la société sont définies par l'autorité ecclésiastique. En outre, la personne excommuniée est livrée au bras séculier ; le pouvoir ecclésiastique laisse faire la justice. Ce modèle calviniste a suscité de très fortes réactions – Calvin a dû fuir une première fois, puis a été rappelé triomphalement. Il a subsisté jusqu'au XVIIe siècle, puis s'est peu à peu adapté et libéralisé. Ce modèle a été repris par les Pilgrim Fathers en Nouvelle-Angleterre – selon des principes proches de celui de la Genève calviniste. On comprend donc pourquoi ce troisième modèle appartient à une partie de la tradition américaine et inspire visiblement le fondamentalisme politique qui veut revenir à l'Amérique des Pilgrim Fathers. Avec beaucoup d'habileté, celui-ci unit le dynamisme des revivalistes avec la tradition politique des puritains de la Nouvelle-Angleterre.

Pour les fondamentalistes : rechristianiser l'Amérique

En Amérique, les groupes religieux, et les solutions qu'ils ont proposées, ont été extrêmement nombreux et divers et ont repris les trois modèles : la colonisation anglicane économique en Virginie, la multiplicité des dissidences, les puritains de la Nouvelle-Angleterre, sans oublier même des catholiques dans l'état du Maryland. S'est ajoutée l'influence des Lumières dans la deuxième partie du XVIIIe siècle. La seule solution pour assurer un minimum de cohésion c'est la laïcité à l'américaine : l'État ne reconnaît aucun culte ; l'État se met sous l'invocation de Dieu, mais ne choisit entre aucune des dénominations religieuses. Tout au long du XXe siècle, cette laïcité s'est renforcée avec plusieurs arrêts de la Cour suprême et, en dessous, des cours de district qui, à la demande de citoyens, ont fait respecter une séparation rigoureuse en interdisant les prières à l'école, et en faisant supprimer des signes religieux comme la croix ou les Tables de la Loi dans les bâtiments publics.

C'est dans le cadre de ces cours que se joue le conflit avec les fondamentalistes qui ont décidé de rechristianiser l'Amérique. Ils considèrent que la Cour suprême prend fait et cause pour ceux qu'ils estiment être des athées en défendant la séparation entre religion et État. Celle-ci est accusée d'être le dernier repère des libéraux (aux États-Unis, synonymes de gauche), alors que sur les neuf juges de la Cour suprême, sept d'entre eux ont été nommés par des présidents républicains ! Les fondamentalistes ont le sentiment d'avoir gagné la Chambre des représentants, le Sénat, le président, la majorité des gouverneurs, mais les magistrats apparaissent encore comme le dernier bastion des « rouges ». Une grande partie de la lutte tourne donc autour des magistrats de la Cour suprême et des cours de district. Les fondamentalistes politiques veulent profiter de leur influence actuelle pour faire nommer « des magistrats sûrs » qui reviendraient sur l'interprétation stricte du premier amendement.

Ce conflit donne lieu à des batailles féroces. La Christian Coalition et sept ou huit autres organisations du même type organisent de grandes manifestations appelées « les dimanches de la justice » pour obtenir gain de cause dans les nominations à venir et particulièrement celle de la Cour suprême. Ces manifestations se passent dans des églises généralement du Sud, avec une énorme représentation par voie satellitaire : les gens rassemblés dans les églises reçoivent les messages d'hommes politiques (dans le dimanche de la justice d'avril 2005 était présent le chef de la majorité du Sénat). Il s'agit de montrer que « le peuple de la foi » est rassemblé pour montrer la nature de la véritable Amérique. C'est ce mélange de lobbying et de réveil pour faire pression sur le pouvoir politique qui est nouveau.

Les fondamentalistes politiques en font-ils trop ? Face à cette offensive contre la laïcité à l'américaine, les démocrates, mais aussi des républicains, souvent francophiles d'ailleurs, sont inquiets. À la suite du dimanche de justice du 25 avril 2005, l'influent journal de la Nouvelle-Angleterre, *Boston Globe*, a publié, le 27 avril, un article d'une grande fermeté : « Aujourd'hui, les extrémistes religieux ne cherchent pas seulement à utiliser l'État, avec tout leur pouvoir, comme des prosélytes religieux. Ils s'opposent à la science, quand il arrive qu'elle rentre en conflit avec leur version de la vérité révélée. Ils falsifient l'histoire, quand ils proclament que les libres penseurs, fondateurs de la République comme Jefferson, Adams et Madison étaient réellement des théocrates comme eux-mêmes. Ils appartiennent au monde pré-démocratique de l'absolutisme [...] Je n'aurais jamais cru que je vivrais une époque où les Lumières seraient politiquement contestées [...] Soyons clair, la démocratie est soumise à un assaut. L'histoire est remplie de cas où une petite minorité a été capable de renverser les institutions démocratiques. » Le président Bush lui-même, dans la conférence de presse tenue la semaine suivante, se démarqua de ses partisans qui avaient violemment attaqué les autres protestants, accusés d'être de mauvais chrétiens. Les deux conservateurs qu'il a finalement nommés à la Cour suprême sont considérés comme modérés.

L'inquiétude dépasse d'autant plus les milieux libéraux qu'il existe un autre domaine où le fondamentalisme politique a une influence incontestable, la politique internationale américaine et précisément à propos du Moyen-Orient et des rapports avec Israël, en fonction de leur prémillénarisme et des prophéties qui l'accompagnent : l'un des signes du retour prochain du Christ, c'est le retour des juifs en Israël, précédant leur conversion. La création de l'État d'Israël en 1948 est déjà l'accomplissement des prophéties. Le soutien aux tendances les plus extrêmes du sionisme (le grand Israël) est donc l'axe principal de la politique étrangère du fondamentalisme politique, non pas qu'il ait la moindre sympathie pour le judaïsme, mais parce que c'est le prélude à la conversion totale des juifs au christianisme, préfigurés déjà par quelques conversions bien montées en épingle. Ce lobby de « sionisme chrétien », qui déborde les frontières du fondamentalisme politique, touchant au-delà beaucoup de protestants évangéliques, est beaucoup plus puissant que les sionistes juifs et donc beaucoup plus influent et proche du pouvoir. Mais peut-on mener la politique étrangère de la première puissance mondiale à partir d'interprétations eschatologiques ?

Ajoutons qu'il serait injuste de réduire tous les *Born again* et même tous les fondamentalistes à cet engagement partisan extrême, mais celui-ci, remarquablement organisé et sachant parfaitement utiliser les moyens modernes de communication, donne l'impression d'être plus puissant que ce qu'il est en réalité.

Une affaire à suivre

Nous sommes dans l'histoire immédiate, passionnante, mais incertaine. Évitons de jouer les prophètes. Néanmoins, il faut suivre d'extrêmement près les événements à venir et il est dommage que l'on ait une telle méconnaissance de ce qui se passe réellement aux États-Unis, en sous-estimant le poids de cette réalité religieuse. Parce qu'il ne s'agit pas seulement du sort de ce pays : ces mouvements ont un énorme succès en Amérique latine et en Afrique. Contrairement à ce que l'on croit, dans beaucoup de régions du monde, ce n'est pas l'islam qui progresse le plus vite, mais le protestantisme évangélique. La majorité de ce protestantisme n'a pas de projets politiques, mais une fraction en a la tentation et commence à y succomber.

Plus largement il convient de s'interroger sur ce que signifient ces poussées des fondamentalismes à l'intérieur des trois monothéismes, Entre le fondamentalisme protestant, musulman et juif, il y a un certain nombre de points communs, même si, bien entendu, les traditions et le contexte de chacun des groupes interdisent de les confondre. La chronologie est assez proche, en particulier : ils ont commencé à se développer dans les années 1970. En 1979, c'est l'arrivée au pouvoir de Khomeiny en Iran, et aux États-Unis, le fondamentalisme qui prend le pouvoir à l'intérieur de la Southern Baptism Convention, la plus importante fédération d'Églises du Sud, en même temps que la création de la Moral Majority, deux faits majeurs pour comprendre l'élection de Reagan l'année suivante. Ces mouvements ont au moins un point commun du point de vue du contenu, le refus du dialogue avec les modérés de leur croyance accusés de trahison. Ils ont aussi une sociologie identique, l'importance des ingénieurs et des techniciens ; ils maîtrisent parfaitement des moyens d'information modernes, et possèdent une très grande habileté dans l'informatique... Il ne s'agit pas de penser que le fondamentalisme nous renverrait à un ancien temps, à quelque chose de dépassé, de traditionnel, appelé à rapidement disparaître. C'est au contraire une des formes les plus dynamiques de la modernité. Nous avons d'autant plus de mal à le comprendre qu'en Europe de l'Ouest et particulièrement en France, nous vivons dans une culture sécularisée radicalement différente. C'est dire combien notre approche d'historiens refusant le simplisme et montrant la complexité de réalités contradictoires est plus que jamais utile dans la formation des citoyens du XXIe siècle.

Composition de l'ouvrage,
conception graphique et réalisation de la couverture :
Alain Rebours - L'Échoppe,
17, rue Lally-Tollendal, 75019 Paris. Tél. : 01 48 03 50 82

IMPRESSION, BROCHAGE

imprimerie
CHIRAT

42540 ST-JUST-LA-PENDUE
OCTOBRE 2006
DÉPÔT LÉGAL 2006 N° 2317

vilo
DIFFUSION & DISTRIBUTION

IMPRIMÉ EN FRANCE